COMMISSION DES RÉPARATIONS

XVIII

RAPPORT
DE L'AGENT GÉNÉRAL
DES PAYEMENTS
DE RÉPARATIONS

7 juin 1928

Librairie Félix Alcan
108, Boulevard Saint-Germain, 108

Prix : 15 francs

RAPPORT
DE L'AGENT GÉNÉRAL
DES PAYEMENTS
DE RÉPARATIONS

7 JUIN 1928

BERLIN

TABLE DES MATIÈRES

TABLEAUX

RAPPORT
DE L'AGENT GÉNÉRAL
DES PAYEMENTS DE RÉPARATIONS.

Berlin, le 7 juin 1928.

A la Commission des Réparations.

Messieurs,

J'ai l'honneur de vous présenter ci-après un Rapport intermédiaire au sujet de l'exécution du Plan des Experts pendant la partie déjà écoulée de sa quatrième année. Ce Rapport donne les chiffres relatifs aux payements de réparations et aux transferts pendant les neuf premiers mois de l'exercice jusqu'au 31 mai 1928; il passe également en revue, à titre préliminaire, le développement du Plan dans son ensemble et l'évolution de la vie économique de l'Allemagne pendant la période de six mois environ qui a suivi la présentation du dernier Rapport.

D'après les termes du Plan, la quatrième annuité payable par l'Allemagne s'élève à 1.750 millions de marks-or, en comparaison de l'annuité de 1.500 millions payée pendant l'année précédente et de l'annuité de 2.500 millions qui devra être payée pendant la cinquième année d'application du Plan, ou année « type » qui commence le 1er septembre 1928. A l'exception de la contribution prélevée sur le budget allemand, qui augmentera de 750 millions dans la cinquième année, tous les payements qui constituent l'annuité de réparations ont maintenant atteint leur niveau normal et ils comprennent, pour la première fois, les versements réguliers au titre de l'amortissement des obligations des chemins de fer allemands et des obligations industrielles allemandes, amortissement qui a commencé d'être effectué au taux prescrit. La quatrième année d'application du Plan, en d'autres termes, est la dernière année de la « période de transition » envisagée par le Plan et l'expérience qu'elle apporte est intéressante non seulement en soi, mais également en raison de la lumière qu'elle projette sur les perspectives de l'année type qui va lui succéder.

Le Plan a continué de fonctionner avec succès dans le domaine des payements de réparations et des transferts. L'Allemagne a effectué les payements que lui impose le Plan, et cela régulièrement et ponctuellement. Le Comité des Transferts, de son côté, a opéré le transfert intégral des payements reçus, et leur total au cours de la période de neuf mois dépasse 1.250 millions de marks-or. Les livraisons en nature ont notablement augmenté parallèlement à l'accroissement des parts des Puissances créancières ; il a été possible en même temps d'effectuer dans une plus large mesure des transferts en monnaies étrangères, si bien que ceux-ci atteignent un peu plus de la moitié du total des transferts. Les garanties spécifiques prévues par le Plan ont continué de se développer de manière à confirmer leur aptitude croissante à faire face aux payements types que l'Allemagne est tenue d'effectuer. Les revenus gagés fournissent un rendement qui couvrirait la contribution budgétaire normale de 1.250 millions de marks-or avec une marge de plus de 100 %. Les fonds nécessaires pour assurer le service annuel de la charge de l'industrie dans sa totalité sont fournis avec une marge de sécurité par la Banque pour les Obligations industrielles. En fait, le Gouvernement allemand a pris récemment un décret en raison, il y a lieu de le croire, de l'augmentation des capitaux de roulement de l'industrie, décret qui réduit de 20 % pendant le second semestre de l'exercice courant le taux de l'assiette pour la perception de la charge. La Compagnie des Chemins de fer allemands, bien que grevée de dépenses supplémentaires importantes par suite des augmentations générales de traitements, a amplement prouvé, par les résultats qu'elle a obtenus jusqu'à présent, qu'elle était capable de supporter la charge annuelle totale du service de ses obligations de réparations, à condition qu'elle se conformât à une politique financière prudente et que les droits de surveillance et de contrôle réservés au Gouvernement allemand ne fussent pas exercés de manière à porter atteinte au rendement équitable et raisonnable qu'elle peut tirer de son capital.

D'un point de vue plus général, le Plan a continué de réaliser les deux objets principaux que les Experts eurent à considérer, à savoir l'équilibre du budget de l'Allemagne et la stabilisation de la monnaie allemande. Le reichsmark n'a pas cessé de répondre à toutes les conditions nécessaires de stabilité. La situation des finances publiques est moins claire, car celles-ci sont encore influencées par la tendance à effectuer des dépenses excessives et à contracter trop d'emprunts, tendance sur laquelle l'attention du Gouvernement allemand a été attirée par le Memorandum du 20 octobre 1927. Toutefois, il est encourageant de constater que le Gouvernement allemand a montré au cours de ces derniers mois qu'il prenait davantage conscience de sa responsabilité dans la question des dépenses publiques ainsi que dans celle des emprunts publics. Pour la première fois depuis l'introduction du Plan, le Gouvernement du Reich a assumé nettement la direction en matière d'emprunts étrangers contractés par les collectivités publiques et il a reconnu la nécessité de les maintenir dans les limites imposées par la politique monétaire et la politique du crédit, ainsi que par ses obligations de réparations. Le Gouvernement a également saisi souvent l'occasion de signaler aux États et aux communes l'importance qu'il y a pour eux à restreindre le plus possible leurs dépenses ; dans ses déclarations au Reichstag, il a insisté avec une égale fermeté sur la nécessité d'effectuer des économies dans les dépenses du Reich. Ces déclarations sur sa politique n'ont guère eu le temps de se traduire en réalisations pratiques et il est difficile de dire dans quelle mesure il sera possible de les rendre effectives.

La situation budgétaire réelle est présentée avec quelques détails dans le présent Rapport sur la base des derniers chiffres connus, y compris non seulement les prévisions pour l'exercice courant, mais aussi les comptes définitifs des recettes et des dépenses pour l'exercice qui s'est terminé le 31 mars 1928. Les recettes du Reich font toujours preuve d'une grande vitalité et donnent un rendement accru, provenant principalement de l'augmentation des salaires et des bénéfices qui ont augmenté le pouvoir d'achat au sein de l'économie allemande. Dans le domaine des dépenses, toutefois, les résultats n'ont pas été aussi favorables. Ces dernières continuent en général d'augmenter et leur chiffre accuse une tendance constante à absorber par de nouvelles dépenses, par des allocations et subsides, tout l'accroissement des recettes. Dans ces conditions, l'équilibre du budget dépend, pour une très grande partie, du maintien ou de l'accroissement du produit des impôts. Des progrès ont été réalisés dans la réduction et le contrôle du budget extraordinaire, mais jusqu'à présent le Gouvernement n'a pas traité les questions fondamentales de politique financière, telles que la réforme des impôts des États et des communes et le règlement financier entre le Reich, d'une part, les États et les communes, d'autre part.

L'activité économique générale de l'Allemagne s'est maintenue à un niveau élevé pendant les six mois qui se sont écoulés depuis le dernier Rapport. Le volume de la production et du commerce semble être actuellement à peu près identique à ce qu'il était il y a un an, mais de légers reculs se sont produits par rapport aux mois d'hiver, moment où, dans maintes branches de l'industrie et du commerce, le point culminant a été atteint depuis la stabilisation. Il y a un an, la production allemande alimentait surtout la consommation intérieure ; dans les mois suivants, cette caractéristique a perdu de sa netteté, et le volume des exportations allemandes, représentées surtout par les produits manufacturés, a atteint un niveau plus élevé qu'à aucun moment depuis l'entrée en vigueur du Plan.

A d'autres égards, la situation doit être considérée avec réserves, car maints signes indiquent que la période actuelle est une phase attardée du processus d'expansion. La hausse du prix des marchandises, déjà sensible lors du dernier Rapport, s'est accentuée, et elle est devenue particulièrement marquée dans la catégorie des produits industriels finis qui passent directement à la consommation. En outre, le prix de revient de la production s'est élevé. Les augmentations de traitements rendues effectives en général dans tous les services publics pendant l'automne dernier ont été suivies de demandes de relèvements de salaires de la part des ouvriers de l'industrie, et ces demandes ont été accordées dans l'ensemble. Toutefois, la valeur qu'un niveau de salaires plus élevé avait pour la communauté a été en grande partie annulée par une tendance croissante à se traduire en relèvements des prix. Les augmentations de salaires dans les charbonnages et dans les aciéries se sont rapidement répercutées dans un relèvement des prix du charbon, de l'acier et des produits de la sidérurgie. On peut se demander dans quelle mesure les prix en Allemagne continueront à monter sans restreindre le marché intérieur; et la hausse des prix, si elle était appliquée aux marchandises exportées, compromettrait la capacité d'exportation de l'Allemagne et contribueraient largement à annihiler les progrès réalisés jusqu'à présent par le commerce extérieur.

L'activité des affaires en temps de hausse des prix implique une grande confiance dans le crédit. Mais bien que le crédit ait continué de se développer, partiellement sur la base de fonds provenant de l'étranger, il reste cependant insuffisant. Ce fait provient en partie des besoins spéciaux de l'agriculture qui a fait deux récoltes médiocres et qui est lourdement grevée de dettes à court terme qu'elle ne peut rembourser actuellement et qu'elle cherche à convertir en une dette plus maniable. Mais la disette de crédit est due également aux besoins pressants des collectivités publiques. Le fait que le marché des capitaux étrangers a été fermé aux États et aux communes d'octobre à mai a obligé nombre d'entre eux à se rejeter sur le marché intérieur lequel s'est trouvé insuffisant pour les demandes qui lui ont été adressées, même aux conditions très onéreuses que les collectivités publiques étaient disposées à offrir. Les emprunts communaux dont la souscription à l'étranger a été autorisée au mois de mai, ainsi que les autres émissions offertes à l'étranger, ont porté jusqu'à présent, en 1928, le total des emprunts extérieurs bien au-dessus de la moyenne de toutes les années précédentes. En même temps, de nouvelles accumulations de dette à court terme se sont produites. Le remboursement partiel ou la conversion de cette dette sera avantageux pour l'économie allemande dans son ensemble, et, récemment, il y a eu quelques signes d'un mouvement, au moins limité, dans ce sens.

L'évolution que nous venons ainsi de résumer est décrite en détail dans les pages qui suivent.

I. ADMINISTRATION DE L'ANNUITÉ.

L'administration de l'annuité s'est poursuivie normalement pendant les neuf premiers mois de la quatrième année d'application du Plan. Comme par le passé, l'Allemagne a loyalement et ponctuellement effectué les payements que lui impose le Plan. Tous les efforts ont été faits en vue d'assurer un courant uniforme de livraisons et de payements en faveur des Puissances créancières ; ces livraisons et ces payements ont progressé régulièrement et sans compromettre la stabilité de la monnaie allemande.

A. PAYEMENTS DE RÉPARATIONS EFFECTUÉS PAR L'ALLEMAGNE.

Pendant les neuf premiers mois de la quatrième année d'application du Plan qui vont du 1er septembre 1927 au 31 mai 1928, l'Allemagne a payé un total de 1.233.328.000 marks-or, dont 1.158.328.000 marks-or relevaient de la quatrième annuité et 75.000.000 de marks-or représentaient le solde de la troisième annuité qui n'arrivait à échéance qu'en septembre 1927.

1. Composition des payements.

Les annuités dues par l'Allemagne au cours des années successives du Plan sont indiquées sous forme de graphique au Tableau 1 joint en annexe au présent Rapport. Les augmentations progressives de l'annuité et les variations dans sa composition de la première à la cinquième année, ou année type, sont également représentées ci-après :

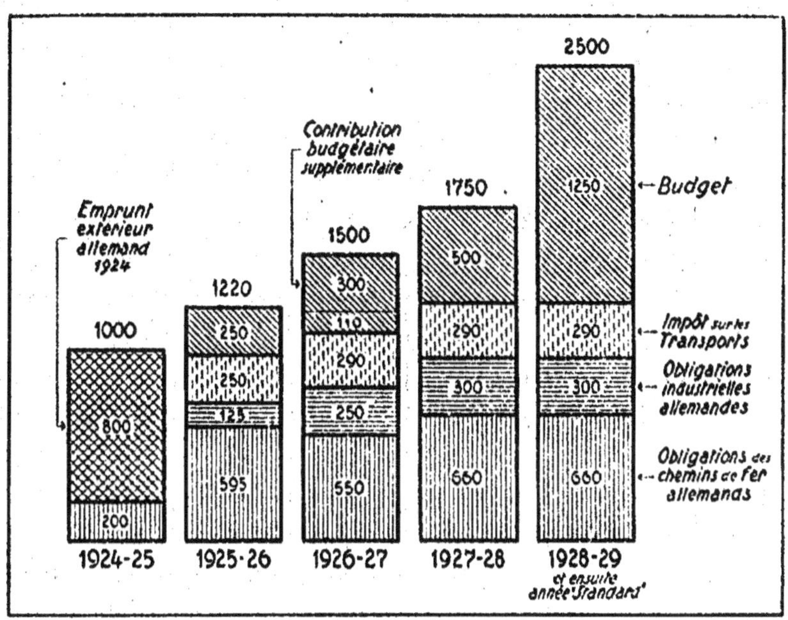

Composition des Annuités.
(en millions de marks-or)

La quatrième annuité en vertu du Plan s'élève à un total de 1.750 millions de marks-or et se décompose de la façon suivante :

	Marks-or
Contribution normale prélevée sur le budget de l'Allemagne	500.000.000
Impôt sur les transports, ...	290.000.000
Intérêts et amortissement des Obligations des chemins de fer allemands	660.000.000
Intérêts et amortissement des Obligations industrielles allemandes	300.000.000
Total	1.750.000.000

2. *Payements au titre de la quatrième annuité.*

Le détail des arrangements pour le payement de la quatrième annuité a été décrit dans le Rapport précédent. Depuis, ces arrangements ont été modifiés sur un point, par un accord conclu en mars 1928 en vue de payements anticipés au titre du versement du 1er avril pour le service des obligations industrielles. D'une façon générale, les payements au titre du service des obligations industrielles, ainsi qu'il a été expliqué dans les rapports précédents, ne peuvent être répartis sur une base mensuelle en raison du fait que les fonds destinés à cette fin sont rassemblés deux fois par an par la Banque pour les Obligations industrielles après une répartition portant sur un grand nombre d'entreprises industrielles et autres. En ce qui concerne le versement arrivant à échéance le 1er avril 1928, il a toutefois été possible, avec la collaboration des autorités allemandes, d'arranger un payement partiel anticipé pendant le mois de mars 1928. En conséquence, il a été convenu, avec l'assentiment de la Commission des Réparations et du Gouvernement allemand, que la Banque pour les Obligations industrielles ferait à l'Agent Général, des payements anticipés à concurrence de 50 millions de marks-or, en deux versements de 25 millions chacun, le 12 mars et le 19 mars 1928 respectivement, avec un escompte calculé du taux de 5 % l'an pour la période antérieure au 1er avril 1928. Le solde de 100 millions de marks-or au titre du premier versement d'avril devait être payé à la date légale d'échéance.

Les payements en ce qui concerne les neuf premiers mois de la quatrième année d'application du Plan ont tous été ponctuellement effectués lorsqu'ils sont arrivés à échéance, conformément aux arrangements convenus. Ces payements peuvent se résumer ainsi qu'il suit :

	Marks-or
Contribution prélevée sur le budget de l'Allemagne	375.000.000
Impôt sur les transports	193.328.000
Intérêts et amortissement des Obligations des chemins de fer allemands	440.000.000
Intérêts et amortissement des Obligations industrielles allemandes	150.000.000
Total	1.158.328.000

Les payements au titre de l'impôt sur les transports, s'élevant à 193.328.000 marks-or jusqu'au 31 mai 1928, comprennent seulement huit mensualités en vertu de l'arrangement relatif aux payements mensuels décrit dans le Rapport précédent. Les recettes effectives au titre de l'impôt sur les transports ont produit pour les huit premiers mois de l'année d'application du Plan 198.335.000 reichsmarks environ d'après les relevés mensuels envoyés par le Ministre des Finances du Reich. Les payements mensuels reçus jusqu'à présent sont, en conséquence, plus que couverts par le produit effectif de l'impôt pendant la même période et il semble n'exister aucun doute que la totalité de la contribution annuelle, soit 290 millions de marks-or, sera réalisée sur les perceptions de l'année.

Outre les recettes au titre de la quatrième annuité, des payements de 75.000.000 de marks-or ont été reçus pendant le mois de septembre 1927 pour compléter la troisième annuité. Ces payements ont déjà été cités dans le Rapport précédent, mais il faut naturellement en tenir compte lorsque l'on examine les recettes au titre des réparations du présent Rapport.

3. Arrangements relatifs à la cinquième annuité.

La cinquième annuité payable en vertu du Plan des Experts s'élève à un total de 2.500 millions de marks-or, qui se décompose ainsi qu'il suit :

	Marks-or
Contribution prélevée sur le budget de l'Allemagne	1.250.000.000
Impôt sur les transports	200.000.000
Intérêts et amortissement des obligations des chemins de fer allemands	660.000.000
Intérêts et amortissement des obligations industrielles allemandes	300.000.000
Total..	2.500.000.000

On remarquera que la cinquième annuité accuse une augmentation de 750 millions de marks-or par rapport à la quatrième annuité, et cette augmentation incombe toute entière à la contribution prélevée sur le budget de l'Allemagne qui passe de 500 millions pendant l'année courante à 1.250 millions pendant la cinquième année d'application du Plan. En outre, l'annuité atteint, au cours de la cinquième année, le montant « normal » et dans la suite elle n'est plus susceptible de modifications autres qu'une augmentation éventuelle par l'application de l'indice de prospérité ou une augmentation ou réduction qui tiendrait compte des changements du pouvoir général d'achat de l'or. Les dispositions du Plan à cet effet sont décrites ci-après avec plus de détail.

En vue de préparer la cinquième année d'application du Plan qui commence le 1er septembre 1928, des arrangements ont déjà été pris avec la collaboration des autorités allemandes pour échelonner les payements au cours de l'année, de façon à assurer la répartition la plus régulière possible des recettes. Comme les années précédentes, des recettes hors de proportion figurent aux mois d'avril et d'août en raison des payements de 150 millions de marks-or qui arrivent à échéance pendant chacun de ces mois au titre du service des obligations industrielles allemandes. Mais pendant la cinquième année et les années subséquentes, l'inégalité devient relativement moins importante, étant donné l'augmentation de l'annuité et l'accroissement des recettes dérivant d'autres sources qui alimenteront les disponibilités sur une base mensuelle régulière.

La contribution du budget allemand s'élevant à 1.250 millions de marks-or pendant la cinquième année d'application du Plan est payable par versements mensuels égaux. Ces versements, conformément aux termes du Protocole de contrôle, sont retenus par le Commissaire aux Revenus Gagés sur le produit des revenus gagés et payés chaque mois à l'Agent Général des Payements de Réparations. Jusqu'à présent, la procédure suivie a été d'attendre chaque mois qu'une quantité suffisante de recettes se soit accumulée pour parfaire le versement total, et pendant la quatrième année d'application du Plan, il en est résulté qu'habituellement les versements mensuels ont été effectués à l'Agent Général vers le 5 de chaque mois. Toutefois, pendant la cinquième année d'application du Plan, les versements mensuels au titre de la contribution budgétaire s'élèvent à un peu plus de 104 millions de marks-or par mois et, selon toute probabilité, les recettes nécessaires à leur payement intégral ne peuvent être accumulées avant le 15 ou le 20 du mois. Il est manifeste qu'il ne servirait à rien d'immobiliser les fonds pendant si longtemps dans les comptes du Commissaire aux Revenus Gagés ; cela pourrait même compromettre le mouvement régulier des livraisons et des payements, étant donné que, pendant tous les mois de l'année, sauf avril et août, la contribution budgétaire mensuelle représenterait plus de la moitié des recettes mensuelles de l'annuité. Des arrangements ont donc été pris d'accord avec le Commissaire aux Revenus Gagés et le Ministère des Finances du Reich, d'après lesquels, à partir de septembre 1928, les payements mensuels au compte de l'Agent Général seront effectués en trois versements dont les deux premiers de 30 millions de marks-or chacun et le troisième de 44 millions, en chiffres ronds, pour couvrir le solde. Chacun de ces versements sera transféré, dès que le montant correspondant aura été accumulé, sur le produit des revenus gagés, et l'on s'attend à ce que, dans le cours normal des choses, ils soient payés successivement vers les 5, 8 et 18 de chaque mois.

La contribution au titre de l'impôt sur les transports, s'élevant à 290.000.000 de marks-or, est payable sur le produit de cet impôt. La loi sur les chemins de fer elle-même prévoit que ce payement sera effectué par versements mensuels et l'on estime qu'il n'y aura pas de difficulté à prendre, comme par le passé, des arrangements en vue de payements mensuels pendant la cinquième année d'application du Plan sur une base satisfaisante.

Le service des obligations des chemins de fer allemands s'élève à 660 millions de marks-or ; il se compose des intérêts à 5 % et de l'amortissement au taux de 1 % par an. Conformément aux termes des obligations, les intérêts et l'amortissement sont payables semestriellement, le 1er mars et le 1er septembre, mais un arrangement vient d'être conclu entre l'Agent Général et la Compagnie des chemins de fer allemands d'après lequel le service des obligations pendant la cinquième année d'application du Plan sera payé par versements mensuels égaux sous réserve d'un escompte au taux de 6 % l'an sur tous les payements effectués avant la date légale d'échéance. Cet arrangement constitue en substance une continuation de l'arrangement relatif aux payements anticipés conclu il y a un an environ, à cela près que le taux d'escompte a été porté à 6 % pour la cinquième année d'application du Plan alors que le taux de 5 % l'an a été appliqué pendant toute la quatrième année. L'accord relatif aux payements anticipés conclu l'année dernière, on s'en souviendra, devait se prolonger automatiquement d'année en année après la quatrième année d'application du Plan à moins que l'Agent Général, d'une part, ou la Compagnie des chemins de fer allemands, d'autre part, ne fît savoir avant le 31 mai d'une année quelconque son désir de modifier le taux de l'escompte ou le mode de payement pour l'année d'application suivante. En fait, la Compagnie des Chemins de fer allemands a fait connaître avant le 31 mai 1928 son désir de modifier le taux de l'escompte, et l'accord qui vient d'être conclu au sujet d'un escompte au taux de 6 % pour la cinquième année d'application peut être considéré comme équitable et raisonnable, étant donné les augmentations dans le taux général de l'intérêt qui se sont produites en Allemagne au cours des douze derniers mois. Il est entendu que sous les autres rapports, les dispositions de l'arrangement relatif aux payements anticipés conclu l'année dernière restent pleinement en vigueur. Nous pouvons ajouter que le nouvel arrangement a déjà reçu l'approbation du Gouvernement allemand et qu'il a été soumis à l'approbation de la Commission des Réparations.

Le service des obligations industrielles allemandes pendant la cinquième année d'application du Plan s'élève à 300 millions de marks-or ; il comprend les intérêts au taux de 5 % et l'amortissement au taux de 1 % par an. Conformément aux termes des obligations, ce service est payable en deux versements égaux, le 1er avril et le 25 août de chaque année et il est impossible, pour les raisons exposées dans les Rapports antérieurs, de répartir son payement sur une base mensuelle. Des occasions peuvent se présenter, comme pour le versement du 1er avril pendant la quatrième année d'application du Plan, où il sera possible de prendre avec la Banque pour les Obligations industrielles des dispositions spéciales en vue de payements partiels anticipés, mais il serait difficile, évidemment, d'envisager des arrangements généraux à cette fin.

4. Dispositions pour les annuités à venir.

Au moment d'entrer dans une nouvelle année d'application du Plan, il convient de se rappeler que l'annuité de 2.500 millions de marks-or payable pendant la cinquième année et les années ultérieures, et considérée comme annuité normale, peut néanmoins voir son montant modifié par l'application de certaines dispositions du Plan des Experts. La première de ces dispositions se rapporte à une augmentation éventuelle de l'annuité normale par l'application d'un indice de prospérité. L'état des payements dressé par la Commission des Réparations, conformément au traité de paix, comprend le principe que les payements de réparations de l'Allemagne devraient augmenter à proportion de l'accroissement de sa capacité future de payements. Les Experts ont reconnu « qu'il est nécessaire et juste » de maintenir ce principe et ont prévu que « outre un payement annuel et fixe, il devra être fait un payement supplémentaire variable dépendant d'un nombre-indice composite établi de façon à refléter l'accroissement de capacité de l'Allemagne ». Les Experts, en poursuivant, ont dit qu'il n'était pas de leur compétence « d'établir le moment où l'indice devra cesser de jouer ou le montant qu'il ne devra pas dépasser » ou « de fixer le nombre d'annuités que l'Allemagne aura à payer, car de telles déterminations équivaudraient à une nouvelle fixation de la dette allemande en capital ».

En conséquence, le Plan prévoit qu'à partir de la sixième année d'application 1929-30, une somme supplémentaire devrait être ajoutée à l'annuité normale; somme qui refléterait l'augmentation de capacité de l'Allemagne et qui serait obtenue par l'application à l'annuité fixe d'un nombre-indice composite établi sur certaines statistiques représentatives de l'économie allemande. « Cette méthode devrait s'appliquer d'une façon automatique, ou tout au moins, le caractère en devrait exclure toute contestation et tout soupçon de partialité ». « Dans ce système », ont dit les Experts, « le développement de l'Allemagne sera toujours stimulé puisqu'elle conserve la majeure partie du bénéfice de tout accroissement de prospérité. De leur côté, les Alliés obtiennent une part raisonnable du bénéfice de cet accroissement et échappent au risque de perte que leur ferait subir toute évaluation prématurée de la capacité future ». Dans chacune des cinq années de 1929-30 à 1933-34, le pourcentage d'augmentation indiqué par l'indice doit être appliqué seulement à la moitié de l'annuité normale, soit 1.250 millions. Dans la suite, il sera appliqué à la totalité de l'annuité normale, soit 2.500 millions. Toute somme supplémentaire provenant de l'application de l'indice doit constituer une augmentation de la contribution budgétaire.

L'Accord de Londres, à l'Annexe I, prévoit plus complètement l'établissement de l'indice de prospérité et contient la disposition suivante pour le calcul et l'application de cet indice. Il stipule que :

« Les règles d'après lesquelles devra être calculé l'indice, ainsi que les bases et les méthodes à adopter pour les statistiques donnant les éléments de cet indice », doivent être « aussi sûres et aussi incontestables que possible, et seront fixées en détail par un Comité de quatre membres, deux nommés par le Gouvernement allemand et deux par la Commission des Réparations. Le Gouvernement allemand fera exécuter les calculs de l'indice par l'Office de Statistique du Reich, selon les méthodes indiquées par le Comité ».

« Si, sur ces questions, les Membres du Comité n'arrivent pas à se mettre d'accord, ils font appel à la Section Financière de la Société des Nations qui désigne un Président. Si le Gouvernement allemand le demande, ce Président doit appartenir à un pays autre que l'Allemagne et les États représentés à la Commission des Réparations ».

« Toutes les contestations entre le Gouvernement allemand et la Commission des Réparations, portant sur les statistiques servant de base à l'indice, sur leur application ou sur le calcul de l'indice lui-même, seront soumises au Comité ci-dessus désigné qui les arbitrera selon la même procédure ».

La seconde modification éventuelle de l'annuité normale prévue par le Plan est l'augmentation ou la réduction de l'annuité dans le cas où le pouvoir d'achat de l'or aurait subi une modification de 10 % au minimum par rapport à celui de 1928. L'Accord de Londres, à l'Annexe I, prévoit plus en détail cette modification dans les termes suivants :

« Le Gouvernement allemand, la Commission des Réparations et les Gouvernements représentés à la Commission des Réparations, auront chacun le droit, à partir de 1928 et dans toute année ultérieure, au cas où il serait soutenu que le pouvoir d'achat général de l'or a subi, par rapport à 1928, une modification égale ou supérieure à 10 %, de demander une revision des obligations allemandes pour le seul et unique motif que la valeur de l'or s'est ainsi modifiée. La modification à apporter pourra s'appliquer tant à la contribution normale qu'à la contribution supplémentaire établie d'après l'indice. En ce qui concerne la contribution supplémentaire, elle ne pourra être introduite que si les variations de la valeur de l'or ne se traduisent pas déjà dans les statistiques en valeur des divers éléments de l'indice. A défaut d'accord entre les parties, une décision devra être rendue par un Comité d'Arbitrage nommé par la Société des Nations. La décision une fois rendue, la base modifiée devra être conservée pour chaque année suivante jusqu'à ce que l'une ou l'autre partie fasse valoir qu'il s'est produit depuis l'année à laquelle la modification s'est appliquée un nouveau changement de 10 % au moins ».

Ces dispositions, on le remarquera, peuvent avoir pour effet d'augmenter ou de diminuer l'annuité normale et diffèrent, en conséquence, de l'indice de prospérité dont l'application ne peut se traduire que par une augmentation de l'annuité.

B. RÉPARTITION DE L'ANNUITÉ.

La répartition des payements de réparations faits par l'Allemagne a progressé d'une façon régulière pendant les neuf premiers mois de la quatrième année d'application du Plan et les payements au profit des Puissances créancières et pour les autres chapitres de dépenses prévus par le Plan ont été régulièrement effectués par l'Agent Général des Payements de Réparations avec la sanction du Comité des Transferts. La répartition des payements est résumée dans les sections ci-après et elle est décrite avec plus de détails dans le chapitre relatif aux opérations du Comité des Transferts.

1. Base de répartition.

La base de répartition se conforme aux principes établis dans l'Accord des Ministres des Finances du 14 janvier 1925, qui a été exposé d'une façon circonstanciée dans les Rapports antérieurs. Elle peut se résumer ainsi qu'il suit:

La première charge sur l'annuité est le service de l'Emprunt extérieur allemand 1924.

Les charges qui prennent rang immédiatement après sont constituées par les priorités que reconnaît l'Accord des Ministres des Finances, principalement les dépenses d'administration des diverses Commissions interalliées.

Après ces charges de priorité, viennent les parts des Puissances créancières elles-mêmes qui ne comprennent pas seulement les parts respectives de réparations sur la base des pourcentages dits de Spa, mais également les diverses sommes qui leur sont allouées au titre du coût des armées, à la fois courant et arriéré, l'allocation pour la dette de guerre belge, les sommes allouées pour les créances de restitution et la part spéciale attribuée aux États-Unis d'Amérique en raison des décisions de la Commission mixte des réclamations.

La base de répartition change sous certains rapports d'année en année et la répartition des payements est toujours effectuée suivant l'annuité à laquelle ils sont afférents, sans qu'il soit tenu compte de la date à laquelle ils deviennent disponibles. Des tableaux sur lesquels figurent la dernière répartition revisée de la troisième et de la quatrième annuités sont joints au présent Rapport (Tableaux II et III). La répartition de la troisième annuité n'a pas été revisée depuis le dernier Rapport et attend encore son règlement définitif. Les frais courants des armées n'ont pas encore été fixés définitivement; il est probable que les frais des Commissions interalliées seront légèrement réduits par rapport aux chiffres provisoires ; enfin, il n'a été tenu compte ni des intérêts produits ni des différences sur le change pour l'année dans son ensemble. La répartition de la quatrième annuité a été révisée, mais est encore susceptible de nouvelles modifications, surtout en ce qui concerne les chiffres des frais courants des armées, des Commissions inter-alliées, des intérêts et des différences de change.

2. *Résumé des recettes et des payements.*

Les fonds à la disposition de l'Agent Général pendant les neuf premiers mois de la quatrième année d'application du Plan ont atteint au total 1.420.884.875,13 marks-or. Ce total se décompose ainsi :

1° le solde en espèces reporté de la troisième annuité au 1er septembre 1927, soit 185.487.192,84 marks-or ;

2° les recettes provenant de l'Allemagne, en septembre 1927, à titre de complément de la troisième annuité, soit 75.000.000 de marks-or ;

3° les recettes provenant de l'Allemagne pendant la période de neuf mois au titre de la quatrième annuité, soit 1.158.328.000 marks-or ;

4° l'intérêt produit par les soldes en banque, soit 2.069.682,29 marks-or.

De ce total de 1.420.884.875,13 marks-or, il faut déduire la somme de 5.500.152,56 marks-or, représentant l'escompte consenti sur les versements anticipés effectués par la Compagnie des Chemins de fer allemands et par la Banque pour les Obligations industrielles allemandes, et, en outre, une somme de 517.522,67 marks-or pour pertes au change. Le solde réellement disponible pour la répartition entre les Puissances créancières et pour faire face aux autres charges prévues par le Plan s'élevait donc à 1.414.867.199,90 marks-or.

Le payement des charges de priorité a absorbé pendant la période de neuf mois les montants ci-après : 66.001.221,36 marks-or pour le service de l'Emprunt extérieur allemand 1924 ; 7.613.479,35 marks-or pour les dépenses des diverses Commissions interalliées ; et 53.933,37 marks-or pour les frais des organismes d'arbitrage établis en vertu du Plan. Une fois ces charges de priorité satisfaites, il restait un total de 1.341.198.565,82 marks-or aux fins de répartition entre les Puissances. Sur cette somme, 1.178.742.861,19 marks-or ont été effectivement versés aux Puissances pendant la période de neuf mois, ce qui a laissé un solde en espèces de 162.455.704,63 marks-or au 31 mai 1928. En face de ce solde, il faut placer les engagements en suspens au 31 mai 1928, soit au total plus de 119.000.000 de marks-or ; ce total se compose de 27.017.985,08 marks-or représentant des sommes à payer et de 92.222.022,76 marks-or de fonds affectés en vertu de contrats approuvés pour livraisons en nature.

Les comptes provisoires de l'Agent Général des Payements de Réparations pour les neuf premiers mois de la quatrième année d'application du Plan, sous forme de bilan au 31 mai 1928 et d'un état des recettes et des payements pour la période allant du 1er septembre 1927 au 31 mai 1928, sont annexés au présent Rapport (Tableaux IV et V respectivement). On trouvera également deux autres états indiquant la répartition des payements d'une façon plus détaillée; l'un (Tableau VI) donne la répartition entre les Puissances des montants disponibles pour les dépenses pendant la période de neuf mois envisagée et l'autre (Tableau VII) analyse les payements et les engagements par catégorie de dépenses. Les comptes sont tenus en marks-or sur la base prescrite par l'Accord de Londres.

3. Utilisation des fonds par les Puissances créancières.

Les Puissances créancières ont utilisé de la façon suivante les fonds mis à leur disposition pour leurs dépenses pendant les neuf premiers mois de la quatrième année d'application du Plan :

France. La part de la France s'élevait environ à 751.369.000 marks-or. Le Gouvernement français a utilisé environ 39.627.000 marks-or pour les frais de son armée d'occupation dans les Territoires rhénans et pour effectuer un règlement définitif avec le Gouvernement allemand en ce qui concerne les frais d'occupation de la Ruhr. Par le fonctionnement de son Reparation Recovery Act, la France a également prélevé environ 42.533.000 marks-or sous forme de l'équivalent en francs à la Banque de France et a reçu des transferts en monnaies étrangères d'un montant de 179.677.000 marks-or. Du reste de la part française, environ 135.819.000 marks-or ont été dépensés pour l'achat de charbon, de coke et de lignite et leur transport ; 30.177.000 marks-or pour les produits agricoles ; 23.664.000 marks-or pour les engrais chimiques ; 17.396.000 marks-or pour le sucre; 13.890.000 marks-or pour le bois; 5.079.000 marks-or pour les sous-produits de la houille; 4.595.000 marks-or pour les matières colorantes et les produits pharmaceutiques et environ 142.148.000 marks-or pour des livraisons de toutes sortes. Les postes précédents atteignent au total 634.605.000 marks-or, ce qui laisse un solde disponible de 116.764.000 marks-or. Sur cette somme, un montant de 78.598.000 marks-or avait été affecté, au 31 mai 1928, à des payements prévus par des contrats approuvés pour livraisons en nature.

Empire britannique. La part de l'Empire britannique s'élevait, au total, à environ 263.182.000 marks-or. Le Gouvernement britannique a utilisé 9.468.000 marks-or pour les frais de son armée d'occupation des Territoires rhénans, et 32.512.000 marks-or pour transferts en espèces, dont 25.003.000 marks-or ont été transférés en monnaies étrangères et 7.509.000 marks-or ont servi au règlement de certains soldes que le Gouvernement britannique a convenu de payer au Gouvernement allemand pour salaires gagnés par les prisonniers de guerre et les internés civils allemands en Grande-Bretagne pendant la guerre. Par le fonctionnement du Reparation Recovery Act, le Gouvernement britannique a reçu, en outre, environ 221.193.000 marks-or, sous forme de versements de l'équivalent en livres sterling à la Banque d'Angleterre, ce qui laisse un solde disponible de 9.000 marks-or.

Italie. La part de l'Italie s'élevait à 97.486.000 marks-or environ. L'Italie a utilisé 60.018.000 marks-or pour le charbon, le coke et leur transport; 3.979.000 marks-or pour les sous-produits de la houille; 3.849.000 marks-or pour les matières colorantes et les produits pharmaceutiques; 1.674.000 marks-or pour livraisons et payements divers; 25.263.000 marks-or sous forme de transferts en monnaies étrangères. Il restait au 31 mai 1928 un solde non dépensé de 1.803.000 marks-or dont 791.000 marks-or avaient été affectés en vertu de contrats approuvés pour livraisons en nature.

Belgique. La part de la Belgique se montait à environ 90.262.000 marks-or. La Belgique a utilisé 1.520.000 marks-or pour les dépenses de son armée d'occupation et a reçu 17.782.000 marks-or environ sous forme de transferts en monnaies étrangères. En outre, la Belgique a utilisé 21.354.000 marks-or environ pour le charbon et le coke et pour leur transport; 9.440.000 marks-or pour les engrais chimiques; 6.009.000 marks-or pour les matières colorantes et les produits pharmaceutiques; 2.772.000 marks-or pour les sous-produits de la houille et 26.029.000 marks-or pour livraisons de toutes sortes. Les postes ci-dessus donnent un total de 85.806.000 marks-or, ce qui laisse au 31 mai 1928 un solde disponible de 4.456.000 marks-or, dont 4.442.000 marks-or avaient été affectés en vertu de contrats approuvés pour livraisons en nature.

Etat serbe-croate-slovène. La part de la Serbie s'élevait à 49.395.000 marks-or. La Serbie a utilisé 9.830.000 marks-or sous forme de transferts en monnaies étrangères et 35.209.000 marks-or pour payements divers et livraisons de toutes sortes. Il restait au 31 mai 1928 un solde disponible de 4.356.000 marks-or, dont 3.960.000 marks-or avaient été affectés en vertu de contrats approuvés pour livraisons en nature.

Etats-Unis d'Amérique. La part des Etats-Unis d'Amérique s'élevait à 57.240.000 marks-or. Pendant les neuf mois de la période, le Gouvernement des Etats-Unis a reçu 36.083.000 marks-or sous forme de transferts en espèces au titre de sa priorité pour l'arriéré des frais de l'armée d'occupation, en vertu de l'Article 3 A 1) de l'Accord des Ministres des Finances du 14 janvier 1925. Tout le reste de la part des Etats-Unis, soit 21.157.000 marks-or, a été absorbé sous la forme de son équivalent en dollars en vertu d'un arrangement spécial conclu avec le Gouvernement allemand en vue de payements mensuels réguliers sur une base analogue en substance à celle du financement des livraisons en nature.

Roumanie. La part de la Roumanie s'élevait à 12.210.000 marks-or. La Roumanie a utilisé 11.139.000 marks-or sous forme de livraisons et de payements divers, ce qui laisse au 31 mai 1928 un solde disponible de 1.071.000 marks-or, dont 890.000 marks-or avaient été affectés en vertu de contrats approuvés pour livraisons en nature.

Japon. La part du Japon s'élevait à 9.536.000 marks-or environ. Le Japon a reçu 2.143.000 marks-or sous forme de transferts en monnaies étrangères, et 2.433.000 marks-or pour livraisons diverses, ce qui laisse un solde disponible de 4.960.000 marks-or, dont 904.000 marks-or avaient été affectés en vertu de contrats approuvés pour livraisons en nature.

Portugal. La part du Portugal s'élevait à 7.000.000 marks-or environ. Le Portugal a utilisé 537.000 marks-or sous forme de transferts en monnaies étrangères et 6.537.000 marks-or pour livraisons diverses, ce qui laisse un solde disponible de 16.000 marks-or, dont la presque totalité avait été affectée en vertu de contrats approuvés pour livraisons en nature.

Grèce. La part de la Grèce s'élevait à 3.831.000 marks-or environ. La Grèce a utilisé 1.196.000 marks-or pour livraisons diverses, ce qui laisse, au 31 mai 1928, un solde disponible de 2.635.000 marks-or, dont 2.622.000 marks-or avaient été affectés en vertu de contrats approuvés pour livraisons en nature.

Pologne. La part de la Pologne, provenant entièrement des créances de restitution, s'élevait à 239.000 marks-or environ. La Pologne a utilisé 27.000 marks-or sous forme de transferts en espèces et 203.000 marks-or pour l'achat de chevaux et pour le payement de frais accessoires s'y référant, ce qui laisse un solde disponible de 9.000 marks-or.

C. GESTION DE L'ANNUITÉ.

L'administration courante de l'annuité pendant les neuf premiers mois de l'année d'application du Plan a continué suivant les directives générales déjà établies et tous les efforts ont été faits, comme par le passé, pour assurer un courant uniforme de livraisons et de payements aux Puissances créancières. De nouveaux progrès ont, d'autre part, été réalisés dans le règlement de questions pendantes et de comptes anciens.

1. *Etablissement des programmes.*

L'Agent Général continue, suivant l'habitude, d'établir des programmes mensuels réguliers qui tiennent compte des recettes disponibles et de la base de répartition déjà mentionnée. Les projets de programmes sont préparés pour des périodes de trois mois à la fois et sont soumis chaque trimestre à la Commission des Réparations et au Comité des Transferts. Cette méthode permet d'examiner au préalable les différents postes de dépenses, ainsi qu'il est prévu dans le Plan, et de faire connaître les programmes aux Puissances créancières assez longtemps à l'avance pour leur permettre de prendre leurs propres dispositions.

Les recettes au titre de la quatrième annuité, en dehors de celles au titre du service des obligations industrielles, sont perçues très régulièrement pendant tout le cours de l'année ; en conséquence, il a été possible de prévoir des programmes mensuels plus également répartis que pendant les années antérieures. L'arrangement conclu en mars de cette année pour le payement partiel anticipé du versement d'avril, au titre des obligations industrielles, a lui aussi contribué à la régularité du cours des livraisons et des payements.

2. *Liquidation de comptes anciens.*

La liquidation des comptes anciens a continué de faire quelques progrès.

Le dernier Rapport a mentionné les arrangements conclus en octobre 1927 pour la liquidation de diverses questions dérivant de l'occupation de la Ruhr. Dans le cas de la Belgique, l'arrangement avait liquidé la dernière question pendante, mais, dans le cas de la France, la liquidation n'était encore que partielle. Les négociations se sont toutefois poursuivies en décembre 1927 et ont conduit à un arrangement par lequel le Gouvernement français a convenu de payer sur ses crédits chez l'Agent Général une nouvelle somme de 5.750.000 marks-or en vue d'un règlement complet et définitif de toutes les créances non réglées de l'Allemagne sur la France pour les frais d'occupation dans la Ruhr.

Le problème de l'évaluation des réquisitions et des dommages en vertu de l'Article 6 de l'Arrangement rhénan, resté en suspens depuis le début du Plan des Experts, n'est pas encore réglé. Toutefois, la Conférence des Ambassadeurs et le Gouvernement allemand poursuivent un échange de lettres au sujet de cette question en vue de la soumettre à un arbitrage.

3. *Organisation administrative.*

L'organisation administrative prévue par le Plan comprend l'Agent Général des Payements de Réparations, le Comité des Transferts, les divers Commissaires et Trustees, leur personnel respectif et les services généraux de l'Office des Payements de Réparations, qui centralisent les travaux administratifs de ces différents organismes. L'organisation dans son ensemble compte maintenant 122 membres ; un tableau récapitulatif est joint au présent Rapport (Tableau VIII). Deux modifications ont été effectuées depuis le dernier Rapport. Mr. Pierre Jay, membre américain du Comité des Transferts, a été nommé Agent Général-Adjoint des Payements de Réparations, avec effet à partir du 1er mars 1928. Cette nomination confirme la situation qui existe en fait depuis près de quatre ans, étant donné que, depuis le début même de l'administration permanente du Plan, le membre américain du Comité des Transferts a fait fonctions d'assistant principal de l'Agent Général des Payements de Réparations. Mr. Jay continue, bien entendu, de faire partie du Comité des Transferts. Mr. Shepard Morgan, qui, depuis novembre 1924, remplissait les fonctions de Conseiller économique du Comité des Transferts, vient d'être nommé Directeur financier de l'Office des Payements de Réparations. Mr. Morgan continue de remplir sa tâche à l'égard du Comité des Transferts, mais son nouveau titre exprime plus exactement la portée générale de ses fonctions.

D. *PROCEDURE D'ARBITRAGE.*

Le Rapport précédent a mentionné les trois questions qui ont été soumises à la décision du Tribunal d'arbitrage à la demande du Gouvernement allemand et qui ont été incorporées dans le compromis soumis, à la date du 8 septembre 1927, et sur lequel la Commission des Réparations et le Gouvernement allemand se sont mis d'accord. Le 29 mai 1928, le Tribunal d'arbitrage a statué sur le litige en faveur de la Commission des Réparations et a prononcé la sentence suivante :

« I. Les produits de la liquidation des biens, droits et intérêts privés allemands qui ont été ou seront liquidés par les Puissances alliées et traités par celles-ci, conformément au paragraphe 4 de l'Annexe à la Section IV de la Partie X du Traité de Versailles, ne doivent pas être imputés sur les annuités prévues par le Plan des Experts pour autant que, dans les comptes et décomptes entre l'Allemagne et la Puissance alliée respective les crédits résultant des produits nets susdits, d'une part, et les débits résultant des réclamations alliées visées au paragraphe 4, d'autre part, ont été ou seront compensés les uns par les autres après le 31 août 1924, subsidiairement pour autant que, dans les comptes et décomptes entre l'Allemagne et la Puissance alliée respective les produits nets susdits ont été ou seront portés au crédit de l'Allemagne après le 31 août 1924, très subsidiairement pour autant que les produits nets susdits ont été ou seront effectivement utilisés après le 31 août 1924 pour satisfaire aux réclamations alliées visées au paragraphe 4 de l'Annexe susmentionnée. »

« II. Les produits nets des biens, droits et intérêts privés allemands qui ont été ou seront liquidés par les Puissances alliées pour autant qu'ils ne sont pas ou ne seront pas traités conformément au paragraphe 4 de l'Annexe et qu'ils ne sont pas ou ne seront pas restitués, soit à l'ayant droit, soit au Gouvernement allemand, ne doivent pas être imputés sur les annuités prévues au Plan des Experts. »

« III. Les sommes que, conformément aux lettres de la Commission des Réparations en date du 16 février et du 29 mars 1927 (N°. 13/363), le Gouvernement siamois a versées à la Commission des Réparations pendant les années 1925-27 ne doivent pas être imputées sur les annuités. »

Aucune autre question n'a été soumise, à cette séance, au Tribunal d'arbitrage « relativement à l'interprétation du Plan des Experts en ce qui concerne la liquidation des biens, droits et intérêts de l'Allemagne »; et aucune autre question n'est actuellement pendante devant ce Tribunal.

E. EMPRUNT EXTÉRIEUR ALLEMAND 1924.

La quatrième année de l'Emprunt extérieur allemand a commencé le 15 octobre 1927. L'Agent Général des Payements de Réparations, agissant au nom des Trustees de l'Emprunt, a continué de prélever sur l'annuité, comme l'envisageait le Plan, les fonds nécessaires pour le service des intérêts et de l'amortissement de l'emprunt ; il a déboursé à cet effet, au cours du premier semestre de la quatrième année de l'Emprunt, 45 millions de marks-or environ, dont la presque totalité a fait l'objet de transferts en monnaies étrangères.

Pendant cette période, la situation des obligations sur les marchés mondiaux a encore rendu difficile aux Trustees l'achat d'obligations aux fins d'amortissement à des prix ne dépassant pas ceux fixés pour le remboursement par voie de tirages. Ces achats n'ont été possibles en pratique que dans le cas de la tranche italienne, où 40% environ des fonds disponibles à cette fin ont été ainsi utilisés et dans le cas de la tranche américaine où a été effectué un seul achat d'un montant peu élevé. Chaque fois que de tels achats ont eu lieu, l'économie de capital ainsi réalisée a été acquise à l'annuité.

Un relevé indiquant la situation de l'Emprunt au 15 avril 1928, fin du premier semestre de l'année de l'Emprunt, est joint au présent Rapport (Tableau IX).

II. OEUVRE DU COMITÉ DES TRANSFERTS

Le Plan des Experts prévoit que tous les payements au titre des réparations, quelle que soit leur source, doivent être effectués sous forme de dépôts à la Reichsbank au crédit du compte de l'Agent Général des Payements de Réparations. Les retraits ne peuvent être effectués que par l'Agent Général, sous le contrôle, toutefois, du Comité des Transferts. En vertu du Plan, le Comité des Transferts est chargé du soin de régler l'exécution des programmes pour livraisons en nature et les payements au titre des Reparation Recovery Acts, de manière à éviter la perturbation des changes, du soin d'effectuer les transferts en espèces aux Puissances créancières par l'achat de devises et, en général, d'agir de façon à « obtenir le maximum de transferts sans compromettre la stabilité de la monnaie ».

A. RÉSUMÉ DES OPÉRATIONS DE TRANSFERT.

Le tableau ci-après, établi en marks-or, indique les fonds disponibles pour les transferts pendant les neuf premiers mois de la quatrième année d'application du Plan, ainsi que les transferts réellement effectués pendant cette période sous l'autorité du Comité des Transferts.

Fonds disponibles :

Solde au 31 août 1927	185.487.192,84
Solde de la troisième annuité perçu en septembre 1927	75.000.000,00
Recettes au titre de la quatrième annuité pendant la période allant du 1er septembre 1927 au 31 mai 1928	1.158.328.000,00
Intérêts des soldes en espèces	2.069.682,29
Total	1.420.88..875,13

A déduire :

Escompte sur les versements effectués avant la date d'échéance pour le service des

obligations des chemins de fer allemands	5.387.712,47	
obligations industrielles	112.440.09	
Perte au change	517.522,67	6.017.675,23
Total disponible pour transferts		1.414.807.199,90

Transferts:

en monnaies étrangères:

Service de l'Emprunt Extérieur allemand 1924	66.001.221,36
Reparation Recovery Act britannique	221.096.821,54
Reparation Recovery Act français	39.350.921,80
Livraisons aux États-Unis d'Amérique en vertu d'un accord	21.156.500,16
Liquidation de soldes dus pour livraisons effectuées ou services rendus par l'Allemagne antérieurement au 1er septembre 1924	7.511.586,93
Transferts en espèces	296.343.220,22
Frais des Commissions interalliées	3.129.772,63
Frais des organismes d'arbitrage	53.933,37

654.643.978,07

au moyen de payements en reichsmarks pour:

Livraisons en nature	541.741.875,35
Armées d'occupation	50.614.041,20
Frais des Commissions interalliées	4.483.706,72
Divers	927.893,93

597.767.517,20

Total des transferts 1.252.411.495,27

Solde en espèces au 31 mai 1928 .... 162.455.704,63

Sur ce total de 1,252.411.495,27 marks-or transférés pendant les neuf premiers mois de la quatrième année d'application du Plan, les transferts en monnaies étrangères ont atteint 654.643.978,07 marks-or, soit 52,27 %, tandis que le montant transféré au moyen de payements en reichsmarks à l'intéreur de l'Allemagne s'est élevé à 597.767.517,20 marks-or, soit 47,73 %. On constate ici la même tendance qui a été remarquée pendant les années antérieures, à savoir le transfert en monnaies étrangères d'une fraction plus importante de l'annuité. Le tableau ci-après donne pour chaque année d'application du Plan, jusqu'à présent, la part du total des transferts que représentent respectivement les transferts en monnaies étrangères et les transferts au moyen de payements en reichsmarks:

	Pourcentages transférés en monnaies étrangères	Pourcentages transférés par payements en reichsmarks
Première année d'application du Plan	30,37 %	69,63 %
Deuxième année d'application du Plan	35,35 %	64,65 %
Troisième année d'application du Plan	49,45 %	50,55 %
Quatrième année d'application du Plan (neuf premiers mois)	52,27 %	47,73 %

Les payements en reichsmarks à l'intérieur de l'Allemagne représentent principalement des payements pour livraisons en nature et les dépenses des armées d'occupation. Les payements en monnaies étrangères représentent principalement le service de l'Emprunt extérieur allemand, les payements au titre des Reparation Recovery Acts et au titre de l'arrangement conclu avec les États-Unis d'Amérique et les transferts directs en espèces. Les transferts en espèces comprennent les payements effectués au titre de la priorité des États-Unis d'Amérique pour arriérés des frais de leur armée et les transferts en espèces pour répartition générale parmi les Puissances créancières.

Le solde en espèces au 31 mai 1928 s'élevait à 162.455.704,63 marks-or, ce qui correspond à une diminution de plus de 23 millions par rapport au solde en caisse au début de la quatrième année d'application du Plan. Le solde en espèces au 31 mai constitue un fonds de roulement normal et à cette date il existait en regard de ce solde des engagements d'un montant de 119 millions de marks-or, comprenant 27 millions de sommes à payer et 92 millions d'engagements non liquidés en vertu de contrats approuvés pour livraisons en nature.

B. MOUVEMENT DES LIVRAISONS EN NATURE.

La méthode générale suivie pour les livraisons en nature et leur mouvement pendant les trois premières années du Plan ont été décrits dans les Rapports antérieurs. De nouveaux progrès ont été réalisés pendant les neuf premiers mois de la quatrième année d'application du Plan.

1. Aperçu général.

A mesure que le montant de l'annuité augmente, les Puissances intéressées aux livraisons en nature, pour faire usage de leurs parts croissantes, se trouvent dans l'obligation d'absorber de plus en plus des marchandises et des prestations provenant de l'économie allemande. Cette tendance s'est manifestée dans une augmentation progressive du nombre et de la valeur des contrats commerciaux ordinaires qui ont été conclus pour être exécutés au titre des réparations et qui ont été soumis à l'approbation du Comité des Transferts. Actuellement, c'est de beaucoup la plus grande partie des livraisons en nature qui est effectuée au moyen de ces contrats commerciaux ordinaires, mais certaines livraisons de charbon et de matières colorantes sont encore faites en vertu d'arrangements spéciaux. Toutefois, la valeur de ces livraisons de charbon a diminué graduellement depuis la seconde année d'application du Plan et des quantités de plus en plus importantes sont maintenant livrées en vertu de contrats passés conformément aux conventions conclues respectivement entre le Syndicat westphalo-rhénan du charbon et la France, l'Italie et la Belgique. Le tableau ci-après donne les chiffres comparatifs des neuf premiers mois des années respectives d'application du Plan.

Livraisons en nature	(Valeur en millions de reichsmarks)			
	Nombre de contrats	couvertes par des contrats	couvertes par des arrangements spéciaux	Total
Deuxième année d'application du Plan...	3.004	244	255	499
Troisième année d'application du Plan...	3.265	422	101	523
Quatrième année d'application du Plan...	3.400	520	86	606

Il convient de remarquer qu'en raison du temps nécessaire à l'exécution des contrats, le volume des livraisons en nature sur lesquelles portent les contrats approuvés ou les arrangements spéciaux pendant une période donnée ne peut jamais être comparé aux dépenses effectives pour livraisons en nature pendant la même période. Le volume des transferts sous forme de livraisons en nature a accusé, toutefois, une tendance analogue à l'augmentation et il a atteint dans les neuf premiers mois de la quatrième année d'application du Plan un total de 542 millions de marks-or environ par rapport à un total de 412 millions de marks-or pendant la période correspondante de l'année précédente.

La France, en raison de l'importance de sa part, est la Puissance la plus intéressée aux livraisons en nature. Les principaux contrats français sont, comme de coutume, ceux qui se rapportent au charbon, coke et lignite ; ils atteignent le nombre de 76 et une valeur de 142.547.000 reichsmarks. Le reste des contrats porte sur 41.397.000 reichsmarks pour chevaux, bêtes à cornes et moutons ; 40.294.000 reichsmarks pour diverses catégories de machines ; 26.656.000 reichsmarks pour divers travaux d'utilité publique décrits plus en détail ci-après ; 25.126.000 reichsmarks pour du sucre et d'autres produits agricoles ; 24.406.000 reichmarks pour fer, acier et autres métaux ; 19.126.000 reichsmarks pour pâte de bois et autres articles de la catégorie du papier ; 18.489.000 reichsmarks pour navires et bateaux fluviaux ; 16.711.000 reichsmarks pour engrais et autres produits chimiques ; 12.398.000 reichsmarks pour sous-produits du charbon ; 6.109.000 reichsmarks pour poteaux télégraphiques, traverses de chemin de fer et bois ; 4.778.000 reichsmarks pour films cinématographiques ; 2.601.000 reichsmarks pour briques et autres produits réfractaires ; 17.757.000 reichsmarks pour livraisons diverses.

Outre les livraisons de charbon, de matières colorantes et de produits pharmaceutiques, qu'elle a prises comme de coutume en vertu d'arrangements généraux, l'Italie a conclu des contrats portant sur du charbon pour une valeur de 3.219.000 reichsmarks ; sur les sous-produits du charbon pour 3.235.000 reichsmarks ; sur des machines textiles pour 1.197.000 reichsmarks ; sur un appareil astronomique coûtant 337.000 reichsmarks.

Les contrats belges comprennent 21.241.000 reichsmarks pour charbon ; 22.687.000 reichsmarks pour engrais et autres produits chimiques ; 10.624.000 reichsmarks pour diverses catégories de machines ; 6.109.000 reichsmarks pour navires et bateaux fluviaux ; 5.437.000 reichsmarks pour pâte de bois et autres articles de la catégorie du papier ; 3.964.000 reichsmarks pour fer, acier et autres métaux ; 3.120.000 reichsmarks pour sous-produits du charbon ; 2.496.000 reichsmarks pour livraisons diverses.

Les contrats serbes comprennent des navires et un dock flottant d'un coût de 5.209.500 reichsmarks ; des poêles pour 5.480.000 reichsmarks ; des machines et du matériel pour une fabrique de cellulose d'un prix de 4.395.000 reichsmarks ; de l'acier et des conduites en fer pour 3.471.000 reichsmarks ; des maisons et des hangars en bois pour 2.800.000 reichsmarks ; des machines et des machines-outils pour 2.584.000 reichsmarks ; des hydravions pour 2.250.000 reichsmarks ; des moteurs à essence pour 2.062.000 reichsmarks ; des livres et des périodiques pour 1.646.000 reichsmarks ; des équipements pour la stérilisation de l'eau de 999.000 reichsmarks ; du matériel d'hôpital pour 951.000 reichsmarks et des produits pharmaceutiques pour 444.000 reichsmarks.

La Roumanie a commandé seulement du matériel de chemin de fer et du matériel pour la construction de ponts d'une valeur de 42.000 reichsmarks, la plus grande fraction de la part de la Roumanie ayant déjà été engagée pour du matériel de chemin de fer et du matériel sanitaire en vertu de contrats conclus les années précédentes.

Le Japon a commandé des livres et des périodiques pour une valeur de 409.000 reichsmarks ; des automobiles pour 366.000 reichsmarks ; du matériel hydraulique pour 356.000 reichsmarks ; des machines pour l'industrie des produits chimiques pour 339.000 reichsmarks ; des tôles d'acier pour 287.000 reichsmarks et du matériel électrique pour 144.000 reichsmarks.

Le Portugal a commandé du matériel pour une ferme modèle d'une valeur de 2.000.000 de reichsmarks ; du matériel d'hôpital pour 824.000 reichsmarks et des dragues à vapeur de 329.000 reichsmarks.

Il convient d'ajouter maintenant quelques remarques sur la marche suivie par les livraisons en nature au cours des neuf premiers mois de l'exercice.

2. Contrats se rapportant à des travaux d'utilité publique.

Le Gouvernement français a récemment accordé une attention spéciale à l'encouragement de la conclusion de contrats se rapportant à des travaux d'utilité publique et de fournitures nécessaires à l'équipement économique de la France, de ses colonies, dépendances et protectorats. Le 24 mars 1928, le Gouvernement français a promulgué une « loi ayant pour objet de faciliter l'exécution de travaux d'intérêt général par le moyen des prestations en nature à fournir par l'Allemagne en exécution du traité de paix ». Selon les termes de la loi, les travaux d'utilité publique dont l'exécution doit être faite au moyen de livraisons en nature jouiront d'importantes facilités administratives. A titre d'exception aux lois en vigueur, ces travaux peuvent être autorisés par simple décret. Les autorités publiques ont, de plus, la faculté de conclure des contrats suivant les principes commerciaux et lesdits contrats peuvent être approuvés par simple décision ministérielle. La loi a prévu également « l'exemption totale ou partielle des droits de douane à des produits originaires et importés d'Allemagne au titre des prestations en nature sous le contrôle des administrations compétentes, lorsque ces produits doivent être utilisés pour des travaux d'intérêt général » et sont importés par des organismes publics ou par des concessionnaires dont les installations doivent, particiellement ou totalement, en fin de concession, faire retour à l'autorité concédante.

Pendant les neuf premiers mois de la quatrième année d'application du Plan, les contrats suivants, se rapportant à des travaux d'utilité publique pour la France, ont été approuvés par le Comité des Transferts ; ils comportent des payements au titre des réparations dont les montants approximatifs sont indiqués ci-dessous :

	reichsmarks
Construction de 3 digues et de 3 usines électriques sur la rivière le Verdon (Basses-Alpes)	11.800.000
Nouvelle extension des travaux de dragage dans le port du Hâvre	5.329.750
Travaux de dragage dans la Seine	2.446.850
Démolition d'un quai de bois et construction d'un quai en maçonnerie dans le port de Bordeaux	2.293.805
Construction d'un quai dans le port de Bordeaux	2.199.137
Construction de 5 gares maritimes dans le port de Bordeaux	976.500
Construction de quais et de bassins dans le port de Cherbourg	1.610.006
Total	26.655.548

3. *Livraisons de charbon.*

Le dernier Rapport mentionnait la convention du 20 octobre 1926, conclue entre l'Office des Houillères sinistrées et le Syndicat westphalo-rhénan du charbon et attirait l'attention sur les résultats qui ont suivi le décret du Gouvernement français entré en vigueur le 1er juin 1927 restreignant les importations de charbon étranger. Depuis, le Gouvernement français a abrogé le décret, à dater du 1er janvier 1928, et les parties à la convention ont convenu de remettre en vigueur les arrangements financiers qui y sont prévus et de fixer au 1er juillet 1928 la date de confirmation de la convention. Le tonnage de charbon livré en vertu de la convention indique actuellement une certaine tendance à l'augmentation.

L'autre événement important affectant les livraisons de charbon a été la conclusion de l'avenant au contrat du 5 mars 1925, entre le Gouvernement italien et le Syndicat westphalo-rhénan du charbon. Ainsi qu'il est dit dans l'avenant lui-même, il a pour objet d'« intensifier, suivant les sommes disponibles au titre des prestations en nature et les besoins de la consommation italienne, les livraisons de charbon allemand à l'Italie ». L'avenant conclu le 21 février 1928 prévoit qu'une partie du tonnage mensuel à expédier au titre des réparations sera livrée au Gouvernement italien ainsi qu'il l'a été jusqu'à présent, et que le reste sera livré en Italie à des acheteurs privés suivant les conditions ordinaires du commerce. La majeure partie du tonnage mensuel sera livrée au Gouvernement italien dans des conditions exactement semblables à celles fixées dans le contrat principal du 5 mars 1925, sauf qu'une légère prime sera accordée par le Syndicat sur une partie de ce tonnage, à condition que le tonnage vendu aux acheteurs italiens privés atteigne un certain chiffre. La partie de l'avenant prévoyant les livraisons aux acheteurs privés en Italie est analogue, à tous les points de vue essentiels, aux conventions relatives au charbon déjà existantes pour la France et la Belgique.

4. *Livraisons de matières colorantes, etc.*

La clause 2 de l'Annexe II de l'Accord de Londres du 9 août 1924 définit les droits du Comité des Transferts et les obligations du Gouvernement allemand dans la question générale des livraisons en nature au titre des réparations et contient à la section *d.* des dispositions spéciales suivant lesquelles le Gouvernement allemand garantit la livraison de contingents approuvés de matières colorantes et de produits pharmaceutiques. Ces dispositions spéciales portant sur la livraison de matières colorantes et de produits pharmaceutiques expirent au 15 août 1928, mais après cette date l'obligation générale continue d'incomber au Gouvernement allemand de faciliter l'exécution de livraisons en nature au moyen de contrats commerciaux « en tenant compte des possibilités de production de l'Allemagne, des conditions de son approvisionnement en matières premières et de ses nécessités intérieures, pour autant que cela sera nécessaire au maintien de sa vie sociale et économique et en tenant compte également des limitations fixées par le Rapport des Experts ». Le Gouvernement allemand, par lettre en date du 3 mai 1928, a attiré l'attention sur l'expiration de la garantie spéciale et s'est déclaré disposé à fournir des matières colorantes et des produits pharmaceutiques au titre des réparations après le 15 août 1928, conformément aux dispositions générales du Règlement relatif aux Prestations en Nature.

5. *Prolongation du Règlement.*

Ainsi qu'il a été dit dans le Rapport intermédiaire de l'année dernière, le Règlement dit « Règlement Wallenberg » relatif aux Prestations en Nature avait été prolongé d'un commun accord jusqu'au 1er avril 1928, étant entendu qu'une revision pourrait être effectuée à partir de cette date, à la demande de l'une des Puissances créancières, de la Commission des Réparations, du Comité des Transferts ou du Gouvernement allemand, exprimée au plus tard le 1er janvier 1928. Aucune des parties intéressées n'ayant eu de modification importante à suggérer avant le 1er janvier 1928, il a été convenu que le Règlement resterait en vigueur pour une autre année, étant entendu qu'une revision pourrait être effectuée à partir du 1er avril 1929 à la demande, exprimée avant le 1er janvier 1929, par l'une des parties ci-dessus mentionnées.

C. *REPARATION RECOVERY ACTS.*

La modification de la procédure dans l'application du Reparation Recovery Act britannique, introduite par l'Accord du 3 avril 1925, a été maintenue sans qu'aucun fait anormal se soit produit. En vertu de cet accord, le Gouvernement britannique a reçu pendant les neuf premiers mois de la quatrième année d'application du Plan l'équivalent en livres sterling de 221 millions de marks-or environ, soit la presque totalité de sa part disponible en excédent sur la fraction utilisée pour les transferts directs en espèces et les frais de son armée d'occupation.

Le dernier Rapport mentionnait les négociations commencées entre les Gouvernements français et allemand en vue de modifier le mode de perception du Reparation Recovery Act en vigueur en France. Ces négociations ont été depuis menées à bonne fin. Le 2 février 1928, les représentants des deux Gouvernements ont paraphé un protocole portant modification au mode de perception de la taxe *ad valorem* sur les importations allemandes en France et prévoyant un système de payement global suivant des directives analogues, en substance, à la procédure d'application actuelle du Reparation Recovery Act britannique. Comme la procédure britannique, ce système repose sur des remises volontaires par les exportateurs allemands en vue de satisfaire aux demandes du Reparation Recovery Act, et il prévoit l'établissement d'un fonds de réserve d'un montant minimum de 4 millions de reichsmarks en vue de couvrir les déficits éventuels dans les livraisons de devises. Le 25 février 1928, la Commission des Réparations a donné son assentiment à l'Accord et le 27 février, le Comité des Transferts a adopté les résolutions mettant ses dispositions en vigueur. Le 16 mars 1928, la Chambre française a voté la loi nécessaire à son application et le 20 mars 1928, le Gouvernement a publié un décret suspendant la perception par les autorités douanières de la taxe de 26 °/₀ et mettant en vigueur la nouvelle procédure, à partir de la date de la publication du décret. Le nouveau système est maintenant appliqué; il fournit à la Banque de France le contingent mensuel de devises étrangères au titre du Recovery Act. Ce système a le grand avantage de représenter un mode de perception moins compliqué et il devrait influencer favorablement le commerce entre la France et l'Allemagne.

D. *TRANSFERTS EN ESPÈCES.*

Au cours des neuf premiers mois de la quatrième année d'application du Plan, le Comité des Transferts a effectué des transferts en espèces pour répartition générale entre les Puissances d'une valeur totale de 260 millions de marks-or contre un total de 200 millions de marks-or environ pendant toute la troisième année d'application du Plan. En outre, le Comité a opéré plus de 36 millions de marks-or de transferts en espèces aux États-Unis d'Amérique au titre de leur priorité pour les arriérés des frais de leur armée. Cette priorité s'élève à 55 millions de marks-or pour l'année, et les transferts nécessaires ont lieu mensuellement sur une base sensiblement proportionnelle aux recettes mensuelles disponibles de l'annuité.

Comme par le passé, le Comité des Transferts s'est conformé à une politique méthodique d'accumulation des devises étrangères nécessaires aux transferts en espèces en achetant de temps à autre des devises, lorsque les conditions étaient les plus avantageuses du point de vue du change. En outre, l'augmentation de l'annuité pendant la quatrième année d'application du Plan a permis au Comité de prendre des dispositions en vue de transferts en espèces mensuels plus réguliers pour répartition générale entre les Puissances. 25 millions de marks-or ont ainsi été transférés en espèces au cours de chacun des mois d'octobre à mars inclusivement, 75 millions de marks-or ont été transférés en avril, en raison des crédits plus élevés disponibles pour les Puissances pendant ce mois et 35 millions de marks-or ont été transférés en mai. Cette situation contraste avec celle de la troisième année d'application du Plan au cours de laquelle les transferts en espèces aux Puissances ont dû être concentrés pendant les mois d'avril et d'août afin d'utiliser les crédits plus élevés dérivant des payements au titre des obligations industrielles.

E. OBLIGATIONS DES CHEMINS DE FER ALLEMANDS ET OBLIGATIONS INDUSTRIELLES ALLEMANDES.

Depuis le dernier Rapport, aucune proposition concernant la vente des obligations de réparations de la Compagnie des Chemins de fer allemands ou des obligations industrielles allemandes n'a été présentée au Comité des Transferts. En conséquence, le Comité n'a eu ni à examiner la question ni à exprimer d'opinion à ce sujet.

III. OEUVRE DES COMMISSAIRES ET DES TRUSTEES.

Les Commissaires et Trustees présentent, chacun de leur côté, des rapports sur ce qui s'est passé pendant la même période dans leur ressort respectif. Les traits principaux de ces rapports sont résumés ci-après du point de vue du fonctionnement du Plan des Experts dans son ensemble. Il est, en même temps, nécessaire d'examiner un peu plus dans le détail les finances de la Compagnie des Chemins de fer allemands, qui ont de plus en plus attiré l'attention au cours des six derniers mois.

A. COMMISSAIRE A LA REICHSBANK.

Le rapport du Commissaire à la Reichsbank embrasse les neuf premiers mois de la quatrième année d'application du Plan jusqu'au 31 mai 1928. Au cours de son rapport, le Commissaire expose la situation du crédit et de la monnaie à la suite des événements et analyse longuement l'activité et la politique de la Reichsbank et de la Golddiskontbank. Le Commissaire examine également quelques étapes des emprunts extérieurs et intérieurs et donne un bref compte-rendu de la situation économique de l'Allemagne dans ses relations avec la politique suivie par la Reichsbank.

Le chapitre VI du présent Rapport donne un aperçu général de la situation du crédit et de la monnaie du point de vue du fonctionnement du Plan dans son ensemble.

B. COMMISSAIRE DES CHEMINS DE FER ALLEMANDS.

La situation financière de la Compagnie des Chemins de fer allemands soulève nombre de questions qui demandent un examen spécial dans le présent Rapport. Ces questions sont exposées longuement dans le rapport du Commissaire des Chemins de fer et il est nécessaire tout d'abord de présenter ici un résumé de son rapport.

1. Résumé du rapport du Commissaire.

Le rapport du Commissaire passe en revue les opérations de la Compagnie des Chemins de fer allemands pendant son troisième exercice qui s'est terminé le 31 décembre 1927. Les comptes définitifs de la Compagnie pour l'exercice 1927 ont été récemment publiés, et le Commissaire saisit, en conséquence, l'occasion d'analyser les résultats de l'exercice et d'examiner les divers points que soulèvent les comptes. Il expose également les perspectives pour l'exercice 1928 à la lumière de tous les renseignements dont on peut disposer actuellement.

Après avoir retracé le développement financier de la Compagnie depuis sa fondation, le Commissaire analyse sa situation financière actuelle, discute la situation du personnel, le développement des tarifs et des taux et résume les principaux travaux en voie d'exécution ou projetés, ainsi que la situation du matériel roulant. Dans son examen général des opérations depuis la fondation de la Compagnie, le Commissaire rappelle en premier lieu qu'en raison de la crise économique qui s'est déclarée à la fin de 1925, les recettes de la Compagnie ont diminué au cours de 1926 par rapport à l'exercice précédent, mais il indique que, par suite d'une reprise subséquente de l'activité commerciale, l'exercice 1927 a été très favorable. Les recettes en 1927, dit-il, ont atteint le total de 5.039 millions de reichsmarks, soit une augmentation de 11 % par rapport à 1926 et de 8 % par rapport à 1925. Pendant les premiers mois de 1928, les recettes de la Compagnie ont dépassé celles des mois correspondants de l'année dernière, bien que le Commissaire estime peu vraisemblable que, devant la situation générale économique, les recettes de l'exercice, dans son ensemble, soient supérieures à celles de 1927. Mais tandis que l'évolution des recettes a été favorable, les dépenses d'exploitation de la Compagnie se sont considérablement accrues. En 1927, elles atteignaient 4.159 millions de reichsmarks contre 3.681 millions en 1926, soit une augmentation de 478 millions. Le coefficient d'exploitation, dit le Commissaire, a été de 82,50 % en 1927, contre 81,06 en 1926 et 85,13 en 1925, tandis que le bénéfice d'exploitation atteignait 880,5 millions de reichsmarks en 1927, contre 860,2 millions en 1926 et 694,2 millions en 1925. Le Commissaire fait remarquer que ces bénéfices d'exploitation ont été utilisés, conformément à la loi sur les chemins de fer, en premier lieu pour faire face au service des obligations de réparations et, en second lieu, pour assurer le service de la dette sous d'autres formes, tandis que le solde a été consacré à la création de réserves pour amortir les actions de préférence et en payer les dividendes. Le Commissaire rappelle à ce sujet que lors de l'élaboration du Plan, les experts des chemins de fer ont estimé que, dans les années à venir et vraisemblablement dans un intervalle de trois ans, on pourrait s'attendre à ce que l'exploitation de la Compagnie des Chemins de fer donnât un bénéfice de 800 millions de marks-or environ, non compris le produit de l'impôt sur les transports. Il considère qu'à la lumière des recettes effectives, les prévisions des Experts ont été amplement justifiées par l'expérience des trois dernières années et que la contribution que la Compagnie des Chemins de fer doit fournir au titre des annuités en vertu du Plan est tout à fait proportionnée à sa capacité financière.

Cependant, le Commissaire insiste sur le fait que les perspectives financières de la Compagnie sont, pour 1928, beaucoup moins favorables que pour les années précédentes, par suite de nouvelles dépenses élevées qui lui ont été imposées, principalement sous forme de traitements, de pensions et de salaires. L'accroissement des dépenses, fait-il remarquer, provient surtout des augmentations générales de traitements et de pensions des fonctionnaires du Reich, qui, conformément à la loi sur les chemins de fer, doivent être, en pratique, appliquées aux fonctionnaires de la Compagnie et qui ont été suivies de la part des ouvriers de demandes d'augmentations de salaires. La charge annuelle supplémentaire à ce titre seul est évaluée à 436 millions par la Compagnie. Il y a, d'autre part, une augmentation de 110 millions au titre des payements de réparations, le service des obligations de réparations atteignant maintenant son montant normal de 660 millions payables à partir de la quatrième année d'application du Plan. Après avoir tenu compte des autres dépenses supplémentaires pour l'exercice, le Commissaire estime que l'augmentation totale des dépenses en 1928 atteindra 651 millions, par rapport à l'année précédente. On ne peut faire face à cette augmentation, pense-t-il, au moyen d'économies dans les dépenses d'exploitation, étant donné que plus de 60 % des dépenses supplémentaires représentent des payements au personnel, impossibles à réduire en pratique. Couvrir des dépenses de cette catégorie au moyen d'un emprunt ou d'un crédit à court terme reviendrait simplement à rouvrir la période de déficit close en 1924. Le Commissaire expose que la Compagnie a donc été obligée d'envisager la possibilité de recourir à une augmentation de tarifs en vue de faire face à une partie au moins des nouvelles dépenses et, à cette fin, elle a proposé au Gouvernement du Reich une modification du tarif des voyageurs et du tarif des marchandises qui devrait fournir 250 millions de reichsmarks environ, soit une augmentation de près de 5 % dans le total des recettes de la Compagnie.

Le Commissaire observe que depuis la fin de 1927, ainsi qu'il l'a indiqué dans son rapport du mois de décembre dernier, un relèvement des tarifs a toujours paru inévitable et que, même à cette époque, la Compagnie avait déjà mis le Gouvernement au courant des difficultés de sa situation. Il ajoute qu'à sa séance de janvier 1928, le Conseil d'administration de la Compagnie a formellement déclaré que les tarifs en vigueur devraient être relevés le 1er juin, mais qu'il a consenti à ajourner la demande officielle de relèvement, étant entendu que le Ministre des Transports donnerait des ordres en vue de l'examen immédiat des propositions de la Compagnie et réduirait le temps nécessaire à la publication des nouveaux tarifs. Le Conseil d'administration a de nouveau affirmé cette résolution à sa séance de mars et a décidé de présenter une demande formelle au Ministre. Toutefois, cela n'a pas eu lieu avant le 1er mai 1928, date à laquelle la Compagnie a présenté sa demande formelle au Gouvernement, ainsi qu'un memorandum expliquant en détail la nécessité d'une augmentation de tarifs et les mesures qu'elle proposait en vue de se procurer 250 millions de recettes supplémentaires. En général, ces mesures prévoyaient des relèvements dans le tarif des transports de marchandises calculés en vue de fournir 195 millions du total, elles comportaient un plan envisageant alternativement soit des relèvements dans les tarifs des diverses classes du trafic des voyageurs, soit une refonte de ce trafic pour fournir environ 55 millions. Au moment où le Commissaire a rédigé son rapport, le Gouvernement n'avait pas encore pris de décision, mais le Commissaire insiste sur le fait que la Direction et le Conseil d'administration de la Compagnie, après avoir pesé les avantages et les inconvénients, ont décidé qu'il n'y avait pas d'autre solution de la difficulté qu'une augmentation des tarifs. Il souligne également la responsabilité du Gouvernement en cette matière, particulièrement en vertu de l'article 34 de la loi sur les chemins de fer, qui prévoit que les droits de surveillance et de contrôle réservés au Gouvernement ne devront jamais s'exercer de façon à empêcher la Compagnie d'obtenir un bénéfice suffisant pour garantir la régularité du service d'intérêt et d'amortissement des obligations et des actions de préférence.

Continuant d'exposer la politique financière de la Compagnie, le Commissaire résume ce qui a été fait depuis son organisation dans le domaine des dépenses de capital. La Compagnie, dit-il, s'est trouvée dès le début en face d'un énorme programme de vastes travaux de construction sur tout le réseau et il faut ajouter à cela les nouveaux projets envisagés afin de repondre aux besoins du trafic et aux autres demandes. Par le passé, fait remarquer le Commissaire, la Compagnie a financé une grande partie de ses dépenses de capital sur ses recettes d'exploitation et il exprime l'opinion, pour l'avenir, que, vu la pénurie et le prix élevé des capitaux disponibles en Allemagne, il est essentiel que la Compagnie des Chemins de fer examine tous ses projets de dépenses de capital avec la plus grande prudence, afin de les restreindre en proportion de ses ressources financières et pour que ces ressources puissent être concentrées sur les travaux réellement nécessaires et urgents. Le Commissaire rappelle, à cet égard, le succès de l'émission d'actions de préférence lancées sur le marché intérieur allemand en février 1928, époque où 200 millions de marks-or, montant nominal, d'actions de préférence 7 %, ont été souscrits et vendus par un consortium de banques allemandes sous la direction de la Reichsbank. 25 autres millions, dit-il, sont encore à la disposition du consortium pour être émis ultérieurement. En tenant compte de ces 225 millions, les actions de préférence émises atteignent au total 1.106 millions, ce qui en laisse encore 894 millions entre les mains de la Compagnie.

Le Commissaire ajoute que, au cours des neuf premiers mois de la quatrième année d'application du Plan, la Compagnie a effectué ponctuellement, selon l'arrangement relatif aux versements mensuels, les payements dus au titre du service de ses obligations de réparations, soit au total, pour l'année entière, 660 millions de marks-or, et qu'elle a également perçu, pour le compte du Reich, l'impôt sur les transports sur le produit duquel 290 millions sont payables à l'Agent Général en vertu du Plan.

Le rapport du Commissaire contient également un aperçu détaillé de l'administration des capitaux de la Compagnie, conformément à l'arrangement intervenu entre la Verkehrskreditbank et la Reichsbank ; de la situation du personnel avec référence spéciale aux traitements, pensions et salaires ; du développement général du trafic, de l'entretien, des renouvellements ; des constructions nouvelles ; de la concurrence faite par les entreprises de transport automobile et aérien et d'autres questions se rapportant à l'exploitation des chemins de fer.

2. *Finances de la Compagnie des Chemins de fer allemands.*

Le résumé qui vient d'être donné du rapport du Commissaire indique jusqu'à quel point les problèmes financiers de la Compagnie des Chemins de fer ont passé au premier plan au cours des six derniers mois. Ces problèmes, dans l'ensemble, posent deux catégories différentes de questions et il est nécessaire d'insister sur la distinction qu'il convient d'établir entre elles, afin d'éviter une confusion d'idées. Le problème principal qui se pose est celui qui consiste à trouver les recettes nécessaires pour faire face aux dépenses supplémentaires que la Compagnie des Chemins de fer a été obligée d'assumer. C'est là un problème qui affecte les résultats d'exploitation de la Compagnie et qui devrait être examiné sous cet aspect. Le second problème principal se rapporte au financement des dépenses de capital et présente à l'examen des questions d'un ordre tout à fait différent. Il convient d'ajouter que ces deux problèmes ont été aggravés par l'absence d'un programme financier bien défini de la Compagnie, absence sur laquelle le Trustee pour les Obligations de Chemins de fer attire spécialement l'attention dans son rapport.

a. *Recettes et dépenses d'exploitation.*

Le rapport du Commissaire montre que la Compagnie des Chemins de fer a profité pendant les trois dernières années d'un trafic de marchandises et de voyageurs dont le niveau a été relativement élevé et que ses recettes pendant cette période ont considérablement dépassé ses prévisions. Le total des recettes pendant l'exercice 1927 a atteint un peu plus de 5.000 millions de reichsmarks, et on estime qu'il s'élèvera, pendant l'exercice 1928, à peu près au même niveau. Malgré cette progression favorable des recettes, le Commissaire expose que les perspectives financières de la Compagnie pour 1928 sont beaucoup moins satisfaisantes que pour les années antérieures, en raison des nouvelles dépenses qui lui ont été imposées, principalement sous forme d'augmentations de traitements, salaires et pensions. Le relèvement général des traitements, dont le Gouvernement a pris l'initiative en septembre 1927, a obligé la Compagnie des Chemins de fer, aux termes de la loi sur les chemins de fer, à appliquer des augmentations correspondantes aux traitements de ses propres fonctionnaires et aux pensions de ses retraités. La Compagnie a été également dans l'obligation de tenir compte de la tendance à l'augmentation de salaires dans toutes les directions et, au cours de ces derniers mois, elle a dû consentir des augmentations générales à ses ouvriers. Le résultat d'ensemble aboutit, d'après les évaluations de la Compagnie, à une augmentation de dépenses de 436 millions de reichsmarks environ par an. La Compagnie se trouve en même temps devant la nécessité de payer des prix plus élevés pour le fer, l'acier et le charbon, ce qui impliquera, estime-t-on, une augmentation de dépenses de 30 millions environ par an. Cette augmentation de charges, ainsi qu'on le verra dans le rapport du Commissaire, a mis la Compagnie dans la nécessité d'envisager une augmentation de ses tarifs. Pendant de nombreux mois, la Compagnie a prévenu le Gouvernement que des augmentations de tarifs seraient nécessaires, en conséquence des augmentations générales de traitements et de pensions, et elle s'est finalement trouvée obligée, le 1er mai 1928, de présenter au Gouvernement des propositions précises en vue d'augmentations du tarif des voyageurs et du tarif des marchandises, calculées de façon à produire 250 millions de reichsmarks environ par an. Le Gouvernement a tout d'abord répondu, le 21 mai 1928, par une demande de plus amples renseignements. Lorsque les renseignements demandés ont été fournis, le Gouvernement a pris une décision définitive, le 5 juin 1928, et il a avisé la Compagnie que la demande d'augmentations de tarifs ne pouvait pas être approuvée à l'heure actuelle. Les motifs de la décision du Gouvernement ne sont pas absolument clairs, mais le Gouvernement semble être en désaccord avec la Direction et le Conseil d'administration de la Compagnie sur la nécessité d'un relèvement des tarifs ; il souligne également combien il importe d'éviter les conséquences fâcheuses qui pourraient résulter pour l'économie générale d'un relèvement des tarifs. Le Gouvernement a, toutefois, déclaré qu'il est disposé à entamer immédiatement une nouvelle discussion avec la Compagnie des Chemins de fer, si la situation financière de la Compagnie, en particulier l'évolution des recettes, le rendait nécessaire au cours de ces prochains mois.

Le Commissaire, dont le rapport était antérieur à la décision du Gouvernement, a exposé la question de la façon suivante :

> « La Direction Générale et le Conseil d'Administration, qui sont responsables de la bonne gestion de la Reichsbahn, n'ont pas trouvé d'autre solution à ces difficultés, dont les suites peuvent être très sérieuses, que d'augmenter les tarifs et ils ont proposé cette solution après en avoir pesé mûrement les avantages et les inconvénients. Il appartient maintenant au Gouvernement, en exerçant les pouvoirs qu'il tient de la loi des Chemins de fer, de prendre à son tour ses responsabilités. »

Le Gouvernement ayant pris maintenant une décision, la question est nettement posée, entre le Gouvernement et la Compagnie, de savoir si une augmentation immédiate des tarifs de chemins de fer est inévitable. Les prochaines mesures à prendre pour la résoudre ne se distinguent pas encore clairement, mais on peut supposer qu'elles suivront le cours prévu expressément dans la loi sur les chemins de fer pour les différends de cette nature. La loi, ainsi que le Commissaire le fait remarquer, contient des dispositions spéciales pour la protection de l'intérêt et du fonds d'amortissement des obligations de réparations et prévoit, à l'article 34, que par l'exercice des droits de surveillance et de contrôle de l'exploitation et des tarifs de chemins de fer réservés au Gouvernement par la loi, « la Compagnie ne devra pas être empêchée d'obtenir une rémunération suffisante pour garantir la régularité du service d'intérêt et d'amortissement des obligations et des actions de préférence ». La loi sur les chemins de fer prévoit, en outre, que la décision définitive du Gouvernement sur toute proposition soumise par la Compagnie en ce qui concerne les tarifs devra toujours être prise dans le plus bref délai possible et qu'en cas de désaccord entre le Gouvernement et la Compagnie, le différend en question sera réglé par un tribunal spécial rattaché à la Cour suprême du Reich, conformément aux dispositions de l'article 44 de la loi.

Le Gouvernement ou la Compagnie, si l'un des deux considère que la décision du tribunal est susceptible de compromettre le service de l'intérêt et l'amortissement des obligations de réparations, peut faire appel à un arbitre spécial, à désigner, conformément à l'article 45 de la loi, par le Président de la Cour Permanente de Justice Internationale. La décision de cet arbitre est définitive et sans appel. Soit le Gouvernement, soit la Compagnie peut également avoir recours à un tel arbitre, si le Tribunal spécial rattaché à la Cour suprême du Reich ne fait pas connaître sa décision dans une affaire concernant des questions de tarifs avant l'expiration d'un délai de trois mois après la date de la soumission de cette affaire, et si le payement ponctuel de l'intérêt et les versements d'amortissement au titre des obligations de réparations semblent ainsi compromis. Outre ces mesures relatives à l'arbitrage des différends entre le Gouvernement et la Compagnie, l'article 45 de la loi sur les chemins de fer contient encore une disposition selon laquelle tout différend qui surgirait entre la Commission des Réparations ou l'un des Gouvernements représentés dans cette Commission, ou le Trustee pour les Obligations de Chemins de fer, ou le Commissaire des Chemins de fer, d'une part, et le Gouvernement allemand et la Compagnie ou l'un des deux, d'autre part, sera soumis à la décision d'un arbitre nommé par le Président de la Cour Permanente de Justice Internationale. Ces dispositions relatives à l'arbitrage s'appliquent « jusqu'au remboursement total des obligations de réparations », et, en pareil cas, la décision de l'arbitre est également définitive et sans appel.

La loi sur les chemins de fer a ainsi prévu la possibilité de différends au sujet de propositions relatives aux augmentations de tarifs et elle a prévu, en termes explicites, les moyens de régler ces conflits de façon à éviter de compromettre la capacité de la Compagnie à faire face au service régulier de ses obligations de réparations. Mais tout à fait en dehors de la situation juridique, des considérations générales de nature essentielle font que le Gouvernement allemand et l'économie allemande ont un intérêt immédiat à préserver la situation financière de la Compagnie et à maintenir son crédit à un niveau aussi élevé que possible. La capacité de la Compagnie des Chemins de fer de servir l'économie allemande exige évidemment que la Compagnie ait des recettes suffisantes pour couvrir ses dépenses nécessaires et ses charges fixes, et pour qu'elle puisse les couvrir avec une marge raisonnable de sécurité. A défaut de cela, son crédit général et son aptitude à se procurer des capitaux supplémentaires souffriront certainement au détriment de l'économie allemande dans son ensemble. De plus, la Compagnie des Chemins de fer exerce une influence immédiate sur l'exécution du Plan des Experts, et les 11 milliards d'obligations de réparations émises par elle constituent l'une des garanties fondamentales de l'accomplissement par l'Allemagne de ses engagements au titre des réparations et l'un des éléments les plus importants d'un règlement définitif du problème des réparations. Pour toutes ces raisons, il est tout à fait essentiel, pour la Compagnie, le Gouvernement allemand et l'ensemble de l'économie allemande, de régler promptement et efficacement la situation qui s'est produite en prenant toutes les mesures qui peuvent être nécessaires au maintien en excellent état des finances et du crédit de la Compagnie.

Mais naturellement il y a un point qui ressort de façon claire : ni pour la Compagnie, ni pour le Gouvernement, la solution des difficultés actuelles ne réside dans des arrangements en vue de l'obtention de nouveaux crédits ou de nouvelles émissions de titres. Cela reviendrait, ainsi que l'indique le Commissaire, à ramener les chemins de fer à un système de déficits, ce qui serait contraire aux dispositions de la loi sur les Chemins de fer et à celles du Plan des Experts.

b. Programme de dépenses de capital.

Le rapport du Commissaire a décrit la situation générale en ce qui concerne les dépenses de capital et a insisté pour que, vu la pénurie et le prix élevé des capitaux disponibles en Allemagne, la Compagnie des Chemins de fer étudie tous ses projets relatifs à des dépenses de capital avec la plus grande prudence afin de s'assurer qu'elle les maintient dans les limites de ses ressources financières et afin que ces ressources puissent être concentrées sur les travaux réellement nécessaires et urgents.

Les difficultés de la Compagnie, en ce qui concerne les dépenses de capital, semblent avoir leur origine, en premier lieu, dans le fait que ses fonctionnaires n'ont pas encore appris « la nécessité commerciale de couper leur costume dans l'étoffe dont on dispose ». Ce sont les termes employés par les Experts des chemins de fer, il y a quatre ans environ, dans leur rapport publié à l'Annexe 3 du Plan et ils restent vrais aujourd'hui encore, dans une large mesure. Pendant les années antérieures, ainsi que l'a dit le Commissaire avec insistance, une grande partie des dépenses de capital de la Compagnie ont été financées sur ses bénéfices d'exploitation. Cette méthode est conforme à la meilleure gestion de compagnies économes et elle est conforme à la gestion pratiquée en Allemagne avant la guerre. Toutefois, dans la mesure où les dépenses de capital ne peuvent pas être financées au moyen de l'excédent des recettes, la Compagnie se trouvera de plus en plus dans la nécessité d'adapter son programme au montant qu'elle peut couvrir par de nouvelles émissions de titres. Pour un nouveau financement de cette nature, la Compagnie dépendrait normalement, ainsi qu'il a été indiqué dans le dernier Rapport, de la vente de ses actions de préférence sur le marché intérieur, et c'est surtout à cette fin que 1.500 millions de marks-or d'actions de préférence ont été réservés à la Compagnie par le Plan. Pendant les six derniers mois, en fait, la Compagnie a pu placer une nouvelle émission de ses actions de préférence sur le marché intérieur à concurrence d'une valeur totale de 200 millions de marks-or ; elle s'est ainsi assurée des capitaux en vue de couvrir une partie au moins du programme de dépenses de capital annoncé pour l'exercice 1928. Il est actuellement impossible de se faire une opinion sur la question de savoir si la Compagnie pourra s'assurer les fonds supplémentaires sur le marché intérieur dans le courant de l'exercice, mais elle devra vraisemblablement adapter ses projets de dépenses de capital aux possibilités pratiques de financement qui pourront exister sur le marché intérieur.

La question des opérations financières de la Compagnie à l'étranger a été examinée en détail dans le dernier Rapport et les conclusions ci-après, tirées à cette époque, peuvent être considérées comme s'appliquant également à la situation d'aujourd'hui :

« Il est hors de doute que, dans l'état actuel du Plan, il est difficile, pour la Compagnie des Chemins de fer allemands, de se procurer des fonds au moyen d'une émission à l'étranger d'obligations de second rang. Il faut espérer qu'une situation plus favorable du marché intérieur permettra à la Compagnie des Chemins de fer, en collaboration avec le Gouvernement et la Reichsbank, de faire face à ses besoins essentiels par de nouvelles émissions sur le marché intérieur et que la Compagnie, de son côté, pourra réduire ses besoins de capitaux au montant qui peut être obtenu par des émissions intérieures de cette nature. Après qu'on aura tout tenté dans ce sens, si la question d'une émission à l'étranger subsiste encore, il ne restera plus qu'à examiner, semble-t-il, en collaboration avec la Commission des Réparations, s'il convient d'autoriser l'émission de titres jouissant d'une priorité nettement définie et à prendre les mesures qui pourraient être nécessaires à cet effet. » ...

C. COMMISSAIRE AUX REVENUS GAGÉS.

Le rapport du Commissaire aux Revenus gagés, en date du 10 mai 1928, embrasse les sept premiers mois de la quatrième année d'application du Plan jusqu'au 31 mars 1928, correspondant aux sept derniers mois de l'exercice allemand 1927-28. Le Commissaire expose qu'il a régulièrement transféré à l'Agent Général, ainsi que le prévoit le Plan, les versements mensuels au titre de la contribution à prélever sur le budget allemand qui atteint, pendant la quatrième année, 500 millions de marks-or. En outre, le Commissaire a retenu chaque mois sur le produit des revenus gagés les sommes qui doivent être versées au fonds de réserve spécial de 100 millions de marks-or prévu par le Plan. Le 31 mars 1928, le fonds de réserve atteignait 82.789.882,56 reichsmarks et le Commissaire dit qu'il sera complètement constitué lorsqu'un transfert final peu élevé y sera opéré en juin.

Le Commissaire passe également en revue le produit des revenus gagés pendant la période qui fait l'objet du présent Rapport et donne les chiffres comparatifs pour le produit des revenus gagés pendant chaque exercice depuis le début du Plan. La moyenne des recettes mensuelles pendant les sept premiers mois de la quatrième année d'application du Plan a été de 243 millions environ contre 219 millions pendant les sept premiers mois de la troisième année et 239 millions pendant les cinq derniers mois de cette année. Pour l'exercice allemand 1927-28, le total du produit des revenus gagés s'est élevé à 2.801 millions de reichsmarks environ, soit environ 481 millions en excédent sur les prévisions budgétaires primitives. Le Commissaire remarque, à cet égard, que « le rendement présent des revenus gagés dépasse de plus de 100 % le montant total qu'ils sont appelés à fournir pendant l'année normale de réparations ; ils suffiraient même à couvrir la totalité de l'annuité normale pour laquelle, dans la mesure où ils ne la fournissent pas directement, ils constituent, conformément au Plan, une garantie collatérale ».

Le Commissaire remarque que les prévisions pour le rendement des revenus gagés afférents à l'exercice 1928-29, qui contient les cinq derniers mois de la quatrième année d'application du Plan et les sept premiers mois de la cinquième année, envisagent des recettes totales de 2.760 millions de reichsmarks, soit une réduction prévue de 131 millions, par rapport au produit effectif de l'exercice 1927-1928. Le Commissaire estime que ces évaluations sont probablement beaucoup plus près de la réalité que celles des années immédiatement antérieures et il déclare qu' « il semble que, si on s'est trompé, ce soit dans le sens de l'optimisme ». Les évaluations, telles qu'elles sont dressés, permettent une certaine réduction dans les recettes des droits de douane et il est possible, d'après le Commissaire, qu'une diminution imprévue ayant cette origine soit contrebalancée, dans une certaine mesure, par des augmentations du produit de l'impôt sur le tabac et de l'impôt sur le sucre.

Le Commissaire traite en détail de l'impôt sur le tabac, sur la bière et sur le sucre, de l'administration du Monopole de l'alcool, ainsi que du développement des recettes des douanes. Il décrit, en particulier, la nouvelle loi concernant l'impôt sur le tabac entrée en vigueur le 1er avril 1928 et qui réduit les délais accordés pour le payement de la taxe *ad valorem*. Il estime que cette modification produira 35 millions de reichsmarks environ de recettes supplémentaires pendant l'exercice courant. Le projet de loi en vue de réorganiser le Monopole de l'alcool qui a été présenté en novembre 1926, ainsi que le dit le Commissaire dans son rapport du 26 octobre 1927, n'a pas passé devant le Reichstag en première lecture avant le 12 décembre 1927. Le projet a été renvoyé à la Commission des impôts à ce moment, mais aucune mesure n'a été prise à son sujet avant dissolution du Reichstag, le 31 mars 1928. Il est, toutefois, intéressant que le Ministre des Finances du Reich, parlant devant la Commission du budget du Reichstag le 22 mars 1928, ait exprimé l'opinion qu'il y avait, dans la réorganisation éventuelle du Monopole de l'alcool, une réserve de recettes de plus de 100 millions de reichsmarks.

D. TRUSTEE POUR LES OBLIGATIONS DE CHEMINS DE FER ALLEMANDS.

Le rapport du Trustee pour les Obligations de chemins de fer allemands donne un bref résumé des opérations de la Compagnie des Chemins de fer allemands pendant les trois années écoulées depuis sa fondation, en se référant spécialement à sa situation financière actuelle. Le Trustee fait remarquer que, tandis que les recettes d'exploitation de la Compagnie ont constamment augmenté, ses dépenses annuelles se sont aussi constamment élevées jusqu'à ce que le moment soit venu, selon lui, d'établir un plan financier plus précis. Le Trustee estime que si un tel programme financier soigneusement établi était adopté, la Compagnie trouverait plus facile d'organiser ses dépenses de façon à les maintenir dans les limites de ses recettes.

E. TRUSTEE POUR LES OBLIGATIONS INDUSTRIELLES ALLEMANDES.

Le rapport du Trustee pour les Obligations industrielles allemandes, daté du 15 mai 1928, embrasse les six premiers mois de la quatrième année d'application du Plan. Le Trustee note que, pendant la quatrième année, le service des obligations industrielles comprend pour la première fois, outre l'intérêt au taux de 5% l'an sur les 5 milliards de marks-or d'obligations, un versement de 1% au titre de l'amortissement de ces obligations. La contribution annuelle de l'industrie allemande a ainsi atteint le niveau normal de 300 millions. Le Trustee expose que la première moitié de la contribution annuelle de 1927-28 s'élevant à 150 millions de marks-or est venue à échéance le 1er avril 1928 et qu'elle a été régulièrement versée au compte de l'Agent Général par la Banque pour les Obligations industrielles allemandes. La manière dont ce payement a été effectué a déjà été décrite dans le présent Rapport.

Le Trustee déclare qu'il n'y a eu aucune vente, ni aucun rachat d'obligations individuelles négociables ou de bons industriels pendant la période qui fait l'objet de son rapport et qu'il est toujours intégralement en possession des 5 milliards de titres créés par le Plan qui consistent, pour un montant de 4.346,5 millions, en bons industriels et, pour 653,5 millions, en obligations individuelles négociables.

Le Trustee résume dans son rapport plusieurs décrets supplémentaires promulgués par le Gouvernement allemand pendant la quatrième année d'application du Plan en exécution de la loi sur la charge de l'industrie. Le dixième décret, dit-il, traite des cas d'aliénation totale ou partielle du capital d'exploitation ou de la propriété des entreprises assujetties à la charge de l'industrie et il indique les conséquences de ces aliénations en ce qui concerne l'hypothèque de droit public. Le onzième décret a été promulgué en vue de mettre en vigueur l'article 6 de la loi sur la charge de l'industrie prévoyant de nouvelles répartitions périodiques afin de tenir compte des changements intervenus dans le capital d'exploitation des entreprises assujetties à la charge. Cette seconde répartition, qui devait avoir lieu en 1926, mais qui a été ajournée d'un an par le neuvième décret, ainsi que l'a noté

le Trustee dans son rapport du 15 mai 1927, est actuellement
en cours, mais elle n'a pas encore été achevée. Une troisième
répartition doit avoir lieu en 1929. Le douzième décret modifie le
taux de répartition de la charge de l'industrie entre le capital d'exploitation des entreprises assujetties à la charge et le fixe à 19,6 %
au lieu de 15,73 % ainsi que le prévoyait le cinquième décret. Cette
augmentation du taux, dit le Trustee, indique une diminution de
la valeur du capital d'exploitation des entreprises assujetties par
rapport à l'évaluation de 1924 qui a servi de base à la première
répartition. Il estime que cela s'explique en partie par une évaluation plus exacte et en partie par le mouvement de concentration
et de rationalisation qui s'est développé depuis 1924 et qui a entraîné
la suppression de nombre d'entreprises exploitées à perte.

Le Trustee rappelle également les sixième, septième et huitième
décrets qui ont été pris par le Gouvernement allemand en exécution
de la loi relative à la perception de la charge de l'industrie. Le
sixième décret prévoit des déclarations concernant la valeur du
capital d'exploitation des entreprises productives du Reich, des
États et des communes, dans le cas où il n'a pas encore été procédé
à une estimation d'office. Le septième décret réglemente la procédure
des payements définitifs effectués par toutes les entreprises pour
les années 1926 et 1927, et remplaçant les versements provisoires
antérieurs; il a trait aussi à la procédure à suivre pour
les payements en 1928. Le huitième décret fixe les pourcentages
définitifs à appliquer au capital d'exploitation afin d'obtenir le
montant dû par les entreprises assujetties à la charge.

Le Trustee note que la Banque pour les Obligations industrielles
allemandes a clôturé son troisième exercice le 31 décembre 1927
et il analyse à ce propos le bilan et le compte profits et pertes à
cette date, tel qu'il a été approuvé à l'assemblée générale des
actionnaires, le 28 avril 1928.

Le rapport du Trustee tient compte seulement de la période qui
va jusqu'au 15 mai 1928 et ne parle pas du neuvième décret d'application de la loi concernant la perception de la charge de l'industrie, pris en date du 31 mai 1928. Ce décret réduit le taux d'imposition et prévoit que le taux à appliquer par mille au pourcentage
du capital d'exploitation assujetti à la charge est réduit de 20 %
pour le second versement de l'année civile 1928 par comparaison
avec le taux qu'établit le huitième décret. Il est significatif qu'il
puisse être procédé à cette réduction pour l'année civile pendant
laquelle la contribution de la charge de l'industrie atteint pour la
première fois son maximum ; cela indique que, malgré la réduction
supposée du capital d'exploitation des entreprises gênées assujetties à la charge de l'industrie, il y a eu, par rapport aux années
antérieurs, une augmentation sensible du capital d'exploitation de
la plus grande catégorie d'entreprises versant une contribution en
vertu de la loi relative à la perception de la charge de l'industrie.

IV. BUDGET DE L'ALLEMAGNE.

La situation budgétaire de l'Allemagne a été récemment améliorée
par l'augmentation du rendement des impôts résultant d'une
activité économique intense. Non seulement le Reich, mais aussi

les États et les communes ont eu à leur disposition des recettes beaucoup plus élevées qu'ils ne s'y attendaient. Toutefois, d'une manière générale, ces recettes accrues semblent avoir été absorbées en grande partie par de nouvelles dépenses. Non seulement dans le cas du Reich, mais également dans le cas de beaucoup d'États et de communes — autant qu'il est possible de porter un jugement d'après les informations disponibles ou de tirer des conclusions du désir d'emprunter de ces collectivités publiques — les dépenses courantes dépassent encore les recettes courantes, et les déficits qui en résultent sont équilibrés seulement par des ressources provenant de l'excédent des exercices précédents ou par des emprunts.

Les Rapports précédents ont mis en lumière les dangers qu'implique la tendance à trop dépenser des collectivités publiques allemandes. L'accroissement des dépenses effectives et des dépenses projetées a été, en fait, la raison principale de l'envoi du Memorandum de l'Agent Général des Payements de Réparations au Gouvernement allemand, le 20 octobre 1927, lequel faisait allusion à cette tendance dans les termes suivants :

> « Il s'accumule en fait de tous côtés, et avec une plus grande rapidité depuis ces derniers mois, des preuves démontrant que les autorités publiques allemandes développent et exécutent des programmes de plus en plus étendus de dépenses et d'emprunts sans s'inquiéter beaucoup des conséquences financières de leurs actes. Le niveau croissant des dépenses publiques apporte déjà un stimulant artificiel à la vie économique et menace de compromettre la stabilité essentielle des finances publiques. Si on laisse libre cours aux tendance actuelles, il en résultera d'une façon à peu près certaine une réaction et une dépression économiques graves et le crédit allemand se trouvera sérieusement atteint tant en Allemagne qu'à l'étranger.

> Les remèdes consistent principalement à réagir contre la tendance actuelle à trop dépenser et à trop emprunter et à instituer à sa place un régime d'économie rigoureuse et d'ordre dans les finances publiques. »

Quinze jours avant l'envoi du Memorandum, le Cabinet du Reich avait fait une déclaration au sujet des emprunts des collectivités publiques dans laquelle il disait : « Vu la situation générale, toute dépense qui n'est pas d'un caractère urgent ou économique doit être évitée, que sa couverture soit prévue à l'aide d'emprunts étrangers ou d'autres ressources. » Le 5 novembre 1927, le Gouvernement allemand dans sa réponse au Memorandum estimait que « dans le moment actuel il est de son devoir impératif de s'opposer efficacement à des augmentations croissantes de dépenses même dans le budget ordinaire ». Le Gouvernement a aussi déclaré qu'il donnait « au développement des finances des États et des communes la plus grande attention » et qu'il veillait « à ce que les principes qu'il estime justes pour lui-même soient également observés par eux ».

La responsabilité que le Gouvernement du Reich a ainsi reconnue à l'égard des finances publiques de l'Allemagne a été affirmée à nouveau par le Ministre des Finances avec plus de précision et d'énergie encore dans ses déclarations publiques au Reichstag et ailleurs ; un certain nombre de mesures déterminées marquent la mise en pratique de cette responsabilité.

La première a été la présentation, à la fin de novembre, du projet du budget du Reich pour 1928-29, avec un budget extraordinaire soumis à de fortes compressions et ne contenant aucune autorisation nouvelle d'emprunter, à l'inverse de la pratique suivie pendant les deux exercices précédents.

La mesure suivante a été la réunion à Berlin, le 10 janvier 1928, des Premiers Ministres de tous les États invités par le Gouvernement du Reich à discuter sur les moyens propres à favoriser une réforme administrative et à réaliser des économies dans les dépenses publiques. Bien qu'aucune décision précise n'en ait résulté jusqu'à présent, la conférence a servi à attirer sur le sujet l'attention du public en Allemagne et une commission a été nommée : elle étudie maintenant les moyens pratiques d'arriver à des résultats. Dans l'intervalle, quelques mesures administratives ont été prises ; le Ministre des Finances a annoncé la suppression en Bavière de 40 perceptions et le Cabinet du Reich a approuvé un règlement uniforme pour les administrations supérieures du Reich, prenant effet à partir de 1er octobre 1928 et qui a pour but de simplifier, d'accélérer l'expédition des affaires entre les différents Ministères et d'en diminuer les frais.

Plus récemment, une nouvelle mesure importante a été prise au sujet des emprunts des collectivités publiques qui sont en relation étroite avec leurs dépenses. Comme un chapitre suivant l'exposera encore plus complètement, l'Office consultatif, connu sous le nom de Beratungsstelle, qui contrôle les emprunts extérieurs des États et des communes, examine désormais, pour l'approbation des demandes des communes relatives à des emprunts extérieurs, si leur politique financière est saine et à combien s'élèvent les emprunts qu'elles ont contractés sur le marché intérieur. Dans le discours qu'il a prononcé à Bade, le 6 mai 1928, le Ministre des Finances disait :

> « Le respect le plus strict des principes d'économie et de productivité constitue une partie essentielle de la réforme administrative que réclame impérieusement l'ensemble de l'opinion publique allemande. »

> « Les emprunts extérieurs du Reich et des États, ainsi que les emprunts extérieurs garantis par le Reich ou les États, continuent de paraître peu opportuns. Le Reich et les États eux-mêmes doivent se montrer extrêmement stricts en ce qui concerne l'observation des directives établies pour les collectivités publiques. »

> « Le programme (des emprunts) qui doit être exécuté ne donne satisfaction, il est vrai, qu'aux besoins les plus urgents des communes. Néanmoins, cette limitation devra être imposée encore pendant assez longtemps. »

Les informations concernant les recettes et les dépenses courantes des États et des communes, lesquels disposent de plus des $^3/_5$ des recettes publiques de l'Allemagne, sont toujours maigres. Toutefois, un premier pas a été fait dans les derniers mois par la publication trimestrielle de leurs recettes fiscales et le Reichsrat étudie actuellement un décret soumis par le Ministre des Finances demandant aux États et aux communes de présenter des statistiques détaillées de leurs dettes.

Le fait que le Reich a pris en mains définitivement la direction des finances publiques de l'Allemagne, ainsi qu'il ressort de ces mesures caractéristiques et le sentiment croissant que les États prennent de la nécessité de faire des économies indiquent un progrès marqué vers une gestion financière plus saine et mieux ordonnée. Néanmoins, il reste beaucoup à faire et les progrès ultérieurs dépendront en grande partie de la direction prise par le Reich dans l'administration de ses propres finances et aussi de la collaboration que lui donneront les États et les communes.

A. BUDGET DU REICH.

Le budget du Reich est de beaucoup le plus important de tous les budgets allemands, non seulement à cause de ses dimensions, mais aussi parce qu'il comprend les dépenses nationales de l'Allemagne y compris les payements de réparations. Les budgets des cinq exercices depuis la stabilisation sont maintenant connus ; les trois premiers ont été analysés complètement dans les précédents Rapports. En conséquence, le présent Rapport s'occupera principalement des exercices 1927-28 et 1928-29, les résultats provisoires de l'exercice 1927-28 étant disponibles et le budget de 1928-29 ayant été voté depuis la date du dernier Rapport.

L'augmentation de la richesse imposable et du pouvoir de consommation résultant de la période actuelle d'activité économique est reflétée dans une plus large mesure dans le budget du Reich que dans les budgets des États et des communes ; les recettes de ces derniers budgets, les reversements faits par le Reich étant mis à part, proviennent en effet principalement des impôts sur la propriété immobilière, sur les professions et sur les loyers. En 1927-28, les recettes du Reich ont augmenté beaucoup plus que dans l'un quelconque des exercices précédents, et les prévisions budgétaires prévoient encore une augmentation sensible au cours de 1928-29. En supposant que les estimations actuelles se réalisent, le budget du Reich, grâce surtout à l'augmentation des recettes, traduit une situation plus saine que celle d'il y a un an, alors que le budget était grevé de lourdes charges pour les secours aux chômeurs. Néanmoins, les dépenses courantes continuent de dépasser les recettes courantes, et les autorisations d'emprunt pour couvrir des dépenses extraordinaires, autorisations qui s'élèvent à 662 millions, restent toujours un problème important pour les finances du Reich. On a abandonné, dans le budget de 1928-29, le procédé qui consistait à financer les dépenses extraordinaires au moyen d'autorisations d'emprunt et la loi de finances prévoit en outre que les dépenses extraordinaires, y compris celles déjà autorisées précédemment, mais non encore effectuées, ne peuvent être faites que si le budget extraordinaire a les fonds disponibles à cet effet, sauf dans les cas où l'ajournement en serait nuisible au point de vue économique. En outre, à la fois pour 1927-28 et 1928-29, on est retourné partiellement au système établi par la loi constitutive du budget, selon laquelle tout excédent provenant du budget ordinaire doit être utilisé pour diminuer les besoins d'emprunts ou pour amortir la dette. En 1926-27, tout l'excédent disponible des exercices précédents avait été employé à financer les dépenses du budget ordinaire, contrairement aux principes de la loi, mais naturellement avec l'autorisation du Parlement.

1. *Tableaux comparatifs du budget.*

Les recettes et les dépensés du Reich pendant les cinq années financières commençant en 1924-25 et se terminant en 1928-29 sont résumées dans le tableau de la page 42 qui offre une vue d'ensemble de toutes les subdivisions du budget. Pour les trois premiers exercices, les chiffres sont ceux des comptes définitifs. Pour 1927-28, les recettes fiscales sont celles des comptes définitifs tandis que les recettes et les dépenses administratives sont seulement provisoires. Les chiffres pour 1928-29 sont ceux des prévisions budgétaires adoptées récemment.

Le tableau d'ensemble diffère légèrement de ceux présentés dans les Rapports précédents: il comprend, parmi les recettes de chaque exercice, les soldes nets reportés des recettes de l'exercice précédent pour couvrir des dépenses autorisées mais non encore effectuées à la clôture des comptes de l'exercice. Les Rapports précédents ont expliqué que, d'après la pratique en usage pour le budget allemand, ces dépenses non effectuées ne tombent pas en annulation, mais sont reportées à l'exercice suivant. Ces dépenses ainsi reportées étaient naturellement, au moment de leur autorisation, couvertes par des recettes escomptées ou par des autorisations d'emprunt. En conséquence, en même temps qu'elles sont reportées, est reporté également un montant provenant de l'excédent qui, ajouté aux recettes escomptées mais non encore perçues à la fin de l'exercice, couvrira ces dépenses. Ce montant net reporté de l'excédent constitue le premier poste de recettes dans les comptes définitifs de l'exercice suivant publiés par le Ministère des Finances. En vue de se rapprocher du tableau officiel, cette somme a été ainsi placée dans le tableau d'ensemble du budget du présent Rapport au lieu d'être introduite plus bas parmi les autres ressources portées en compte comme on l'a fait jusqu'à présent. Ce changement dans la présentation n'affecte pas l'excédent définitif, mais en augmentant les recettes, il modifie les chiffres de l'excédent des recettes courantes sur les dépenses courantes, ou vice-versa, tels que l'indiquent les précédents Rapports. Dans les prévisions budgétaires pour 1928-29, ne figure pas le poste « recettes reportées à nouveau » parce que ces recettes, d'après l'usage allemand, sont reportées *en dehors du budget* et apparaissent seulement dans les comptes définitifs. Toutefois, le montant qui doit être reporté à la fin de 1927-28 est indiqué dans le tableau supplémentaire qui se trouve au bas du tableau d'ensemble. Cette méthode, qui laisse une somme considérable de dépenses et de recettes en dehors du budget, rend difficile la comparaison des chiffres du budget d'un exercice avec les chiffres du compte des exercices précédents.

Tableau d'ensemble du budget du Reich (en millions de reichsmarks)	1924-25 chiffres définitifs	1925-26 chiffres définitifs	1926-27 chiffres définitifs	1927-28 chiffres provisoires	1928-29 prévisions
Recettes					non compris dans les prévisions
Recettes reportées à nouveau [1]	—	396	382	59	
Recettes courantes					
Recettes des impôts:					
Impôts sur le revenu, sur le chiffre d'affaires, etc.	5.765	4.893	4.713	5.550	6.060
Douanes, impôts sur la consommation					
gagés	1.427	1.851	2.406	2.800	2.760
non gagés	130	112	56	50	42
Total	7.322	6.856	7.175	8.400	8.862
Recettes administratives et recettes diverses:					
Recettes des entreprises de l'État, etc.	147	77	180	177	332
Redevances, licences, amendes, etc	188	187	186	194	144
Bénéfice de la frappe des monnaies	100	214	149	100	175
Total	435	478	515	471	651
Recettes totales	7.757	7.780	8.072	9.020	9.518
Dépenses					
Reversements aux États et aux communes	2.770	2.596	2.626	3.012	3.215
Dépenses générales d'administration	1.660	1.967	2.279	2.472	2.501
Secours aux chômeurs	86	163	426	323	125
Pensions de guerre	998	1.330	1.875	1.555	1.674
Pensions civiles	69	99	88	98	106
Charges intérieures résultant de la guerre, etc.	1.187	353	805	218	218
Exécution du Plan des Experts	—	201	537	832	1.228
Réserve du Commissaire aux Revenus gagés	—	—	13	67	20
Payement de bons du Trésor (séries «E» et «K»)	74	163	87	—	—
Amortissements des divers emprunts or	364	90	83	86	78
Payements au titre de la dette revalorisée	—	1	241	400	854
Investissements, prêts, etc	112	391	483	249	189
Total des dépenses	7.220	7.444	8.543	9.816	9.701
Excédent des recettes sur les dépenses	537	286	—	—	—
Excédent des dépenses sur les recettes	...	—	471	206	188
Autres ressources portées en compte					
Fonds actuellement disponibles:					
Reports d'excédents antérieurs	—	270	400	200	102
Prélèvement sur le fonds de roulement	—	—	—	100	—
Produit des emprunts	855	—	320	123	—
Fonds non actuellement disponibles:					
Emprunts non encore émis	—	—	—	—	—
Crédits suprimés des exercices antérieurs	—	—	—	—	80
Excédent figurant dans les comptes.	802	562	258	217	4
[1] Se décomposent ainsi qu'il suit: Dépenses non effectuées, mais reportées	425	497	705	939	Les chiffres relatifs à ces postes ne seront connus qu'à la fin de l'exercice
Recettes, etc. non perçues, mais reportées	20	115	646	884	
Recettes reportées comme ci-dessus	396	382	59	55	

a. Exercice 1927-28.

Au point de vue des finances du Reich, l'exercice 1927-28 a été l'exercice le plus riche en événements depuis l'adoption du Plan des Expert. Quand le budget a été présenté au Reichsrat en décembre 1926, la situation économique commençait à se rétablir après la sérieuse dépression qu'elle avait subie, mais le Reich, les États et les communes supportaient encore de lourdes charges constituées par les secours aux chômeurs; différentes formes d'assistance productive contre le chômage étaient prévues et différents travaux étaient entrepris. Dans presque tous les cas, les fonds en vue de ces projets relatifs à la lutte contre le chômage devaient provenir d'emprunts. Dans son discours sur le budget, le 16 février 1927, le Ministre des Finances exprimait la grande inquiétude qu'il ressentait non seulement au sujet de la situation actuelle, mais aussi à propos de l'avenir. A cette époque, les recettes fiscales du budget étaient estimées à un montant qui dépassait de 305 millions de reichsmarks les recettes fiscales définitives de l'exercice précédent. Juste avant l'adoption du budget, les prévisions de recettes fiscales ont été augmentées de telle façon que l'accroissement sur l'exercice précédent était de 575 millions, et le Ministre des Finances déclarait que le budget, avec cette augmentation, ne contenait aucune réserve. Cependant à la fin du premier semestre, les recettes des impôts dépassaient les prévisions budgétaires, de telle sorte qu'on pouvait attendre un excédent de 480 millions pour l'exercice. Dans le dernier semestre, l'augmentation a subi une nouvelle accélération et les recettes définitives des impôts accusent un excédent de 740 millions sur les prévisions budgétaires adoptées au commencement de l'exercice, soit 1.315 millions, ou 18.3 % d'excédent sur les revenus des impôts de l'exercice antérieur. Ceci prouve que les recettes du Reich ont vite reflété la reprise rapide de l'activité économique qui s'est produite au cours de l'exercice; il faut ajouter que d'importantes recettes provenant des droits de douane sur les importations de denrées alimentaires — importations accrues par suite de récoltes insuffisantes — ont également contribué à cette remarquable augmentation de recettes.

Le mouvement des dépenses et des engagements de crédit a suivi étroitement l'augmentation des recettes. Alors que le budget était soumis à l'examen du Parlement, 600 millions de dépenses environ y ont été ajoutés. En même temps, le Reich s'engageait, à partir du 1er avril 1927, à garantir le reversement d'un minimum plus élevé aux États et aux communes et à assumer à peu près complètement la part des dépenses concernant les secours aux chômeurs que les États et les communes avaient gardés jusqu'alors à leur charge. A mesure qu'on avançait dans l'exercice et que les recettes continuaient à s'élever, le Gouvernement a développé un nouveau programme qui contenait une augmentation des pensions et des traitements des fonctionnaires ainsi que des indemnités pour les ressortissants allemands ayant subi des dommages pour les biens qu'ils possédaient à l'étranger ou par suite d'actes de guerre. Le Ministre des Finances considérait ces deux mesures comme des ajustements nécessaires pendant la période dite de moratoire et de transition. Dans son discours devant la Commission du Budget du

Reichstag, le 26 octobre 1927, il disait qu'il aurait préféré les répartir sur une période plus longue mais que

> « En outre, nous nous trouvons dans la dernière année de la période dite de moratoire et de transition en ce qui concerne les payements prévus par le Plan Dawes. Pour toutes ces raisons, le Gouvernement du Reich est d'avis que l'on devrait, dès à présent, s'occuper de ces questions pendant l'exercice courant. »

Les lois relatives aux traitements et aux pensions ont été votées en décembre 1927 avec effet à partir du 1er octobre 1927. En conséquence, l'augmentation de 330 millions environ concernant les traitements et les pensions a figuré pour moitié dans le budget de 1927-28, tandis que la charge intégrale pèse sur le budget de 1928-29 seulement. La loi sur la liquidation des dommages, votée le 30 mars 1928, comporte des payements en espèces importants, de nature exceptionnelle, pour 1927-28 et 1928-29, mais le service annuel de la nouvelle dette créé par la loi figurera pour la première fois dans le budget de 1929-30, ainsi qu'il est expliqué plus loin dans le chapitre sur la dette publique du Reich.

Le dernier jour de l'année budgétaire, le 31 mars 1928, un budget supplémentaire a été promulgué; il prévoit différentes dépenses autorisées au cours de l'exercice. Une année auparavant, le Ministre des Finances avait fait savoir que ce budget était nécessaire et six mois plus tard il avait estimé à un montant de 350 à 400 millions les dépenses qu'il impliquerait. Tel qu'il a été définitivement adopté, il comportait des dépenses pour 736 millions, mais comme il réduisait des crédits précédents, principalement ceux relatifs aux secours aux chômeurs, de 187 millions, il laissait une augmentation nette de 549 millions dans les dépenses. Outre les augmentations des traitements et pensions, les reversements plus importants aux Etats et aux communes résultant de l'augmentation du rendement des impôts et un relèvement des crédits pour la dette revalorisée, les dépenses supplémentaires comprenaient 160 millions en vue de la liquidation définitive des dommages résultant de la guerre, 60 millions pour les secours aux agriculteurs et autres subsides en Prusse orientale, 24 millions pour le développement culturel et économique dans les provinces frontières, 25 millions pour l'assistance sociale, 50 millions aux Etats et aux communes à titre de versements supplémentaires ne provenant pas des impôts, 21 millions pour indemnités aux victimes des inondations et 11 millions pour l'augmentation du personnel dans les services fiscaux.

Les moyens de trésorerie du budget ordinaire à la fin de 1927-28, d'après la méthode d'estimation adoptée dans l'introduction au budget de 1928-29, s'élevaient à 744 millions. Si l'on compare ce chiffre avec les estimations du Ministre des Finances faites en novembre 1927, on constate une augmentation de 222 millions qui représente presque entièrement l'augmentation de la couverture nette qui était nécessaire pour faire face aux dépenses budgétaires non effectuées en 1927-28 et reportées à l'exercice précédent. Toutefois, sur ces 744 millions, 405 avaient été avancés au budget extraordinaire et 100 millions à la Preussenkasse, ne laissant que 180 millions effectivement disponibles. Ce chiffre étant très en dessous du montant de 300 millions que le Ministre des Finances considère comme nécessaire au fonds de roulement, des bons du Trésor ont été émis et on a dû recourir à des crédits à court terme à la fin de l'exercice, les premiers atteignaient 40 millions, les seconds, 75 millions de reichsmarks.

b. Exercice 1928-29.

Le budget de 1928-29 présenté au Reichsrat le 24 novembre 1927 et analysé assez en détail dans le dernier Rapport a été finalement promulgué le 31 mars 1928, veille du jour où a commencé l'exercice courant. La seule modification importante apportée au projet a été l'incorporation au budget du programme exceptionnel du Gouvernement pour l'assistance sociale et agricole impliquant des dépenses de 185 millions de reichsmarks, dont 103 millions au titre de diverses mesures d'assistance sociale, 64 millions au titre de l'assistance agricole, 10 millions pour constructions d'habitations et 8 millions pour indemnités pour pertes de biens à l'étranger. La couverture de ces dépenses a été fournie en réduisant les prévisions de dépenses de 15 millions environ et en augmentant de 150 millions le rendement prévu des droits de douane et de 20 millions celui de l'impôt sur le tabac.

En comparant les prévisions budgétaires de 1928-29 avec les résultats effectifs de l'exercice précédent, les recettes fiscales font ressortir une augmentation de 372 millions, soit 4,4 %. Ce chiffre provient d'une augmentation prévue de 510 millions dans le rendement des impôts sur le revenu, des personnes et des sociétés, sur le chiffre d'affaires, etc. et d'une diminution de 138 millions dans les droits de douane et les impôts de consommation. Les recettes administratives s'accroissent de 180 millions, ce qui donne une augmentation totale de 552 millions dans les recettes courantes. Les dépenses s'accroissent de 385 millions. Ce chiffre résulte de nombreux changements dans les crédits, à savoir : des augmentations de 349 millions pour l'exécution du Plan des Experts, y compris la réserve du Commissaire aux Revenus gagés, de 165 millions environ pour les traitements des fonctionnaires et les pensions et de 206 millions pour les reversements aux États et aux communes; des diminutions de 200 millions environ pour secours aux chômeurs, de 60 millions pour divers investissements, prêts, etc. et de 55 millions pour les dépenses au titre de la dette revalorisée. Le résultat net de l'année est un déficit prévu de 188 millions, contre un déficit de 206 millions l'année précédente; ce déficit est couvert, pour la plus grande partie, par un transfert de l'excédent de l'exercice antérieur.

Le budget de 1928-29 est remarquable à trois points de vue : *1.* il renonce au budget séparé des charges de guerre, éliminant ainsi des transferts inter-budgétaires, et les exposés qui l'accompagnent facilitent la compréhension des dispositions du budget; *2.* il abandonne le système qui consistait à inscrire au budget extraordinaire des dépenses qui devraient être couvertes par de nouveaux emprunts; par suite, il prévoit une réduction des investissements, des subsides, etc. ; 3. l'augmentation des dépenses est beaucoup moins forte que dans l'un ou l'autre des comptes des deux années précédentes, ce qui donne ainsi au budget une apparence d'économie relative.

En ce qui concerne cette apparence toutefois, l'examen de la situation montre que certaines réserves s'imposent par suite de l'habitude de reporter à nouveau des autorisations de dépenses *en dehors du budget*. En effet, si l'on compare le total des crédits pour 1927-28 autorisés dans le budget primitif et le budget supplémentaire à celui des crédits de 1928-29, l'augmentation en 1928-29 n'est que de 22 millions au lieu de l'augmentation mentionnée plus haut, 385 millions, ce qui donne au budget courant une apparence de plus grande économie encore. Mais, en fait, 288 millions environ des crédits du budget supplémentaire de 1927-28 n'ont pas pu être dépensés pendant l'exercice et sont compris dans les 939 millions d'autorisations de dépenses accumulées qui sont indiquées dans le tableau figurant au bas de la page 42 et qui sont reportées à nouveau, *en dehors du budget*, pour être effectuées en 1928-29. Ainsi, dans l'exercice courant, non seulement les 9.701 millions de nouvelles dépenses autorisées par le budget peuvent être effectuées, mais, en outre, 939 millions peuvent l'être aussi. C'est là un exemple frappant de ce qui peut arriver avec la pratique budgétaire allemande consistant à permettre que certaines dépenses, principalement les dépenses exceptionnelles ou extraordinaires, soient reportées à nouveau pour deux exercices après l'exercice pour lequel elles ont été autorisées, pratique à laquelle il a été souvent fait allusion dans ces Rapports. En conséquence, une comparaison entre les comptes *définitifs* des recettes perçues et des dépenses effectuées pendant une année et les *prévisions budgétaires* pour l'année suivante est souvent trompeuse.

A l'ouverture de l'exercice 1928-29, les dépenses autorisées reportées en dehors du budget, comme on l'a déjà dit, s'élevaient à 939 millions. Pour couvrir ces dépenses, on a de même reporté des recettes attendues, mais non perçues, s'élevant à 884 millions, sur lesquels 724 représentaient des autorisations d'emprunts. Le solde net de 55 millions nécessaire comme couverture a été prélevé sur l'exédent de 1927-28 et transféré pour figurer aux comptes définitifs de 1928-29. La répartition de ces montants entre les budgets ordinaire et extraordinaire est la suivante, en millions de reichsmarks :

	Budget ordinaire	Budget extraordinaire	Total
Dépenses non effectuées mais reportées	680	259	939
Recettes non perçues mais reportées	160	724	884
Montant net prélevé sur l'excédent à titre de couverture	520	Dr. 465	55

Par suite, lorsque les comptes définitifs de 1928-29 seront publiés, les premiers postes de recettes seront, dans le budget ordinaire, le montant net de 520 millions reporté, et dans le budget extraordinaire, un débit net de 465 millions. La promulgation du budget supplémentaire, le dernier jour de l'année financière, a déterminé la forte augmentation des dépenses reportées: 288 millions de dépenses autorisées ne pouvaient pas être effectuées avant la clôture de l'exercice. Sans cette circonstance, le total reporté eût été inférieur à celui de l'exercice précédent.

La loi budgétaire de 1928-29 contient, au sujet du budget ordinaire, la clause suivante qui peut avoir une répercussion sensible sur les 680 millions de dépenses reportées sur ce chapitre du budget:

« Lorsque, dans le cas de dépenses expressément présentées comme transférables et de fonds accordés pour des dépenses exceptionnelles, les payements n'ont pas été réellement effectués à la fin de l'exercice 1927, ces payements ne peuvent être effectués que si une obligation de payer a déjà été contractée ou si le Ministre des Finances du Reich donne son assentiment à cet effet. De nouveaux engagements relatifs à ces payements ne peuvent être contractés qu'avec l'assentiment du Ministre des Finances du Reich. Le Ministre des Finances du Reich peut autoriser des exceptions dans les limites d'une gestion économique normale. »

D'après une déclaration du Ministre des Finances publiée le 3 juin 1928, il a déjà été procédé à une revision minutieuse des dépenses à reporter au budget ordinaire, et on a trouvé qu'il était possible de supprimer un montant important de ces dépenses, comprenant 41 millions environ pour l'armée et la marine et 33 millions environ pour le Ministère du Travail.

c. Exercice 1929-30.

Si la procédure habituelle est suivie, le budget de 1929-30 sera soumis à l'examen du Reichsrat six mois environ après la date du présent Rapport. A plusieurs occasions, au cours de ces derniers mois, le Ministre des Finances a fait publiquement allusion aux perspectives de 1929-30. Dans son discours du 19 janvier 1928 sur le budget, il a dit qu'il était « déjà certain que de grands efforts seraient nécessaires pour obtenir l'équilibre budgétaire » en 1929-30. Il a parlé de la charge des réparations qui doit s'accroître d'un montant de 300 millions de reichsmarks à imputer sur le budget et il a mentionné le fait que certaines recettes extraordinaires pour 1928-29, telles que le bénéfice provenant de la frappe des monnaies et les reports d'excédents des exercices antérieurs ne seraient plus disponibles en 1929-30. Il a soumis avec le budget un exposé détaillé du rapporteur général du budget au Reichsrat qui, dit-il, décrit exactement la situation du Reich en évaluant pour 1929-30 le déficit à 771 millions. Ultérieurement, en mars, le rapporteur, tenant compte de réductions probables dans les dépenses, l'a estimé à 581 millions.

Il se peut fort bien que la préparation du budget de 1929-30 présente des difficultés et la méthode par laquelle elles seront surmontées dépendra, dans une mesure qui n'est pas négligeable, des perspectives économiques de l'Allemagne à l'époque à laquelle le budget sera examiné et voté. D'autre part, il convient de se rappeler que des déficits, même plus élevés, avaient été prévus quelques mois avant la préparation des budgets de 1927-28 et 1928-29, et qu'aussi, pendant les trois dernières années, les prévisions de recettes ont été dépassées. Bien qu'une augmentation nouvelle de l'activité économique de l'Allemagne et de sa richesse imposable allégerait grandement les difficultés actuellement prévues, la clé de la situation se trouvera probablement dans le montant des dépenses prévues. Les dépenses considérables que le Gouvernement a estimé opportun d'assumer dans les budgets de 1927-28 et 1928-29 avant d'entrer dans l'année normale d'application du Plan devraient libérer le budget de 1929-30 de la nécessité d'assumer de nouvelles dépenses analogues. Le maintien de l'équilibre budgétaire peut impliquer néanmoins une nouvelle compression des dépenses exceptionnelles et extraordinaires qui figurent encore au budget de 1928-29 pour des sommes importantes. Le fait que 1929-30 est le dernier exercice dans lequel le budget du Reich devra fournir des payements plus élevés au titre des réparations, à l'exception de ceux que l'indice de prospérité peut nécessiter, doit faciliter la compression des dépenses, étant donné que le redressement économique de l'Allemagne, s'il se poursuivait, fournirait vraisemblablement, au cours des années ultérieures, un accroissement de recettes suffisant pour couvrir toute dépense supprimée ou ajournée en 1929-30. D'autre part, il est possible que l'on puisse réaliser des économies dans l'administration et dans les autres dépenses permanentes. Il est hors de doute que les reversements actuels du Reich aux États et aux communes, en vertu du présent règlement provisoire qui expire le 31 mars 1929, laissent une large place à de telles économies. Un règlement définitif de ces rapports sur une base qui permettrait au Reich de bénéficier plus largement qu'à présent des augmentations de ses revenus les plus importants correspond à une nécessité urgente et faciliterait sensiblement le maintien de l'équilibre budgétaire en 1929-30 et dans les exercices suivants.

2. *Budget extraordinaire.*

Les chiffres du budget extraordinaire de 1927-28 et ceux du budget extraordinaire de 1928-29 figurent ci-après. Les chiffres des trois années antérieures, qui ont été indiqués dans les précédents Rapports sont omis, parce que la comparaison avec les chiffres de 1928-29 est difficile par suite de la suppression, en 1928-29, du budget séparé des charges de guerre.

Les Rapports précédents ont décrit d'une façon très circonstanciée l'accroissement du budget extraordinaire dû, en grande partie, au retour, en 1926-27 et en 1927-28, au système d'avant-guerre consistant à couvrir par des emprunts les dépenses dites extraordinaires ; les Rapports en question ont mis en lumière les dangers qu'impliquait ce système. Les budgets extraordinaires qui ont été votés pour ces deux exercices comportaient des autorisations de dépenses se montant au total à 1.321 millions de reichsmarks, dépenses ayant, pour une large part, le caractère de dépenses productives, de prêts ou de subsides en vue d'occuper de la main-d'œuvre ainsi que d'encourager le commerce ; ces dépenses faisaient partie du programme gouvernemental destiné à combattre le chômage. Les recettes administratives des budgets extraordinaires de ces deux exercices ayant été seulement de 15 millions, les dépenses restant étaient couvertes par des autorisations d'emprunt qui atteignaient un montant global de 1.306 millions.

Budget extraordinaire du Reich (en millions de reichsmarks)	1927-28 chiffres provisoires	1928-29 prévi- sions
Recettes		
Report de l'exercice précédent	Dr. 290	—
Recettes administratives diverses	14	31
Remboursement d'un prêt effectué par la Compagnie des Chemins de fer	—	80
Transfert du budget ordinaire	5	—
Excédent du budget ordinaire (pour une part)	176	35
Produits d'emprunts	123	—
Total....	28	146
Dépenses		
Investissements, prêts, etc. (pour une part).,	215	128
Secours productifs aux chômeurs	118	25
Dépenses résultant de la guerre, etc.	14	...
Réduction de la dette (pour une part)	12	...
Marine...>.....................	57	...
Dépenses diverses (y compris l'Armée).....	10	—
Réserve du Commissaire aux Revenus gagés	67	20
Total....	493	173
Excédent des dépenses sur les recettes...,.	465	26[1]
Autres ressources portées en compte		
Fonds non effectivement disponibles;		
Emprunts non encore émis............	465	—
Crédits antérieurs annulés.............	—	30
Excédent figurant au budget....	—	4

[1] Différence provenant de l'arrondissement des chiffres.

Au début de l'exercice 1927-28, les dépenses extraordinaires autorisées se montaient à 476 millions inscrits au budget extraordinaire pour cet exercice, et à 282 millions reportés de l'exercice précédent, soit, en tout, 758 millions. Les dépenses effectivement faites atteignirent 493 millions et, sur le reliquat, 259 millions ont été reportés au budget extraordinaire de l'exercice suivant.

Du côté des recettes, les comptes du budget extraordinaire de 1927-28 ont commencé par un solde débiteur de 290 millions représentant des dépenses extraordinaires effectuées au cours de l'année précédente et auxquelles il avait été fait face avec les ressources du budget ordinaire. Comme l'indique le tableau, le montant effectif des recettes de l'exercice, provenant surtout du versement final de 123 millions sur le produit de l'emprunt du Reich 1927 et du transfert de 176 millions de l'excédent du budget ordinaire, s'est élevé au total à 318 millions. Sur cette somme, le solde débiteur de 290 millions a été couvert et 28 millions sont restés en regard des dépenses de l'année qui atteignaient 493 millions. Le résultat net a été un excédent des dépenses sur les recettes de 465 millions, excédent qui devait être couvert par des emprunts, mais comme les emprunts étaient irréalisables, le montant nécessaire a été avancé sur les ressources du budget ordinaire.

A l'ouverture de l'exercice 1928-29, les dépenses extraordinaires autorisées se montaient à une somme globale de 432 millions. Sur cette somme, les dépenses nouvelles, qui sont très inférieures à celles autorisées dans le budget de l'année dernière, atteignent 173 millions et les dépenses reportées atteignent 259 millions. C'est dans cette dernière catégorie qu'il sera procédé aux réductions, aux ajournements et aux suppressions qu'envisageait le Gouvernement allemand dans sa réponse au Memorandum du 20 octobre 1927. Du côté des recettes, le budget prévoit 146 millions de recettes comprenant 35 millions de l'excédent du budget ordinaire de l'exercice antérieur; en outre, le budget envisage le report à l'exercice 1928-29 de 30 millions d'autorisations d'emprunts, les dépenses auxquelles se rapportent ces autorisations ayant été annulées. Le résultat net est un excédent prévu d'environ 4 millions.

En transférant au budget extraordinaire au cours de ces deux années une partie de l'excédent du budget ordinaire, on revient d'une façon satisfaisante, bien que partielle, aux exigences de la loi constitutive du budget selon laquelle « un excédent des recettes sur les dépenses du budget ordinaire doit être utilisé en vue de diminuer le besoin d'emprunts ou d'amortir la dette. »

Les autorisations d'emprunts, en suspens au début de 1928-29, représentaient la couverture de l'excédent des dépenses définitives sur les recettes pour l'exercice précédent, soit 465 millions, ainsi que les 259 millions de dépenses reportés. Ces autorisations, dont le montant global atteignait 724 millions, ont été, toutefois, réduites à 662 millions par une disposition de la loi de finances de 1928-29, qui prévoit que le solde de 62 millions restant au fonds de roulement doit être consacré à diminuer le besoin d'emprunts. En ce qui concerne ces autorisations d'emprunts, le Ministère des Finances, en publiant le 3 juin 1928 les résultats de l'exercice 1927-28, a déclaré ce qui suit :

> « Le but qu'on doit continuer à se fixer dans l'exercice 1928 et si c'est nécessaire, dans les exercices suivants, est de faire une politique financière qui écarte tous les dangers provenant des besoins de recettes du budget extraordinaire, lesquels sont toujours élevés. Les mesures adoptées par le Ministère des Finances du Reich nous donnent lieu d'espérer qu'un contrôle strict du budget extraordinaire permettra de procéder à l'avenir à une réduction assez sensible de ces besoins ou tout au moins de les échelonner sur une très longue période.»

La décision prise par le Gouvernement de limiter le budget extraordinaire 1928-29 aux dépenses susceptibles d'être couvertes sans impliquer de nouvelles autorisations d'emprunts constitue l'événement le plus important de l'année en ce qui concerne le budget du Reich, et elle vient s'ajouter aux nouvelles mesures prévues par la loi de finances de 1928-29. D'une façon générale, cette loi autorise seulement les dépenses extraordinaires s'il y est pourvu au moyen des recettes budgétaires extraordinaires. La décision de la loi en question fait espérer qu'il sera possible de mettre graduellement fin à une situation dangereuse exposée tout au long dans les Rapports antérieurs et à propos de laquelle, dans son discours du 19 janvier 1928, le Ministre des Finances a dit :

> « Les besoins d'emprunts hérités des exercices 1926 et 1927 sont le côté le plus sombre de la situation budgétaire et financière du Reich.»

3. Analyse des recettes.

Les détails relatifs aux recettes des impôts et aux recettes administratives pendant la période des cinq exercices sont donnés dans les tableaux qui accompagnent les sections suivantes en même temps que les commentaires sur les recettes de 1927-28 et de 1928-29.

a. Recettes des impôts.

Les recettes des impôts du Reich sont indiquées en détail dans le tableau de la page 52.

On a déjà commenté l'accroissement remarquable des recettes fiscales en 1927-28. Les augmentations s'étendent à peu près à toutes les catégories d'impôts, les plus considérables concernant l'impôt sur le revenu et l'impôt sur le revenu des sociétés ainsi que les droits de douane. Des progrès ont également été réalisés au cours de l'exercice en ce qui concerne les arriérés d'impôts, le montant ayant été réduit de 57 millions entre le 1er avril et le 1er janvier

Recettes des impôts du Reich (en millions de reichsmarks)	1924-25 chiffres définitifs	1925-26 chiffres définitifs	1926-27 chiffres définitifs	1927-28 chiffres définitifs	1928-29 prévisions
Impôt sur le revenu, le chiffre d'affaires, etc.					
Impôt sur lo revenu:					
traitements et salaires, montant prélevé à la source	1.332	1.368	1.095	1.348	1.300
intérêts et dividendes, montant prélevé à la source	19	82	94	135	1.0
assiette générale, après les déductions ci-dessus	862	803	1.065	1.301	1.450
Impôt sur lo revenu des sociétés	314	187	382	478	550
Impôt sur la propriété	499	270	360	442	520
Droits de succession	26	27	35	72	100
Impôt sur lo chiffre d'affaires	1.918	1.416	876	878	1.050
Impôt sur les transactions foncières	29	31	28	38	40
Impôt sur lo mouvement des capitaux:					
impôt sur les constitutions de sociétés	39	40	58	62	80
impôt sur les valeurs	5	9	23	21	30
impôt sur les opérations de bourse	113	40	83	66	85
impôt sur les tantièmes	12	14	1	—	—
Impôt sur les automobiles	52	58	105	156	160
Impôt sur les assurances	32	40	46	53	50
Impôt sur les paris aux courses et sur les loteries	49	66	66	76	80
Impôt sur les lettres dé change	70	63	86	48	50
Impôt sur les transports	318	318	312	349	340
Impôts exceptionnels et divers	81	61	48	27	25
Total	5.765	4.893	4.713	5.550	6.060
Impôts gagés:					
Douanes	357	591	940	1.251	1.200
Impôt sur lo tabac	514	615	718	794	780
Impôt sur la bière	196	256	241	360	370
Impôt sur lo sucre	219	236	285	224	140
Monopole de l'alcool	141	153	227	261	270
Total	1.427	1.851	2.406	2.890	2.760
Autres impôts sur la consommation	130	112	56	50	42
Recettes totales de l'impôt	7.322	6.856	7.175	8.490	8.862

Au cours de l'exercice, les changements ci-après affectant les taux d'imposition ou les méthodes de perception sont entrés en vigueur :

A dater du 1er avril 1927, la perception de l'impôt sur le chiffre d'affaires, tous les trois mois seulement au lieu de tous les mois, a eu pour effet la rentrée d'environ dix mois seulement du produit de cet impôt. Cette situation était exceptionnelle et pendant les exercices suivants l'impôt sera perçu sur le chiffre d'affaires de douze mois.

A dater du 1er juin 1927, il y a eu une augmentation de 18 % environ de l'impôt sur l'alcool.

A dater du 1er juillet 1927, l'impôt sur le sucre a été réduit de 50 %, mais les recettes ne reflètent cette mesure qu'à partir d'octobre.

A dater du 1er janvier 1928, ont été accordées d'importantes exemptions relatives à l'impôt sur le revenu, s'élevant au maximum à 24 reichsmarks par année, que cet impôt fût perçu par l'assiette générale, ou à la source sur les traitements et salaires. Cette mesure entraîna une certaine diminution des recettes perçues au cours du dernier trimestre de l'année budgétaire.

Pour le budget de 1928-29, on s'attend à ce que le rendement des impôts sur le revenu et sur le chiffre d'affaires ainsi que des autres impôts directs accuse une nouvelle augmentation de 510 millions de reichsmarks, tandis que le produit des impôts indirects sur la consommation et les droits de douane présenterait une diminution de 138 millions. L'augmentation nette escomptée de toutes les recettes fiscales serait de 372 millions. La réalisation de ces recettes escomptées dépendra naturellement, dans une large mesure, de la persistance des conditions économiques actuelles. Dans le cas de plusieurs impôts directs, il y a des raisons spéciales de s'attendre à une augmentation, raisons dont on a tenu compte lors des prévisions. Ainsi l'impôt sur le revenu des sociétés et l'impôt général sur le revenu sont basés en général sur le revenu de l'année civile 1927 pendant laquelle les bénéfices et les revenus ont dû être importants. Pour l'impôt sur le chiffre d'affaires, les recettes d'un exercice complet seront réalisées, comme on l'a mentionné ci-dessus. Le rendement de l'impôt sur la propriété bénéficiera de la nouvelle évaluation de la propriété immobilière qui a eu lieu à la date du 1er janvier 1928, la valeur de cette propriété ayant considérablement augmenté au cours des trois exercices écoulés depuis la dernière évaluation. De plus, si la situation reste favorable, les recettes de 1928-29 doivent refléter le développement progressif habituel de la richesse imposable. Toutefois, en ce qui concerne les droits de douane et les impôts indirects de consommation, les prévisions tiennent compte des contingences. Une réduction des recettes des douanes est prévue afin de laisser une marge pour une diminution possible des importations. L'impôt sur le sucre donne un rendement moindre à cause de la réduction du taux qui n'est entrée en vigueur que pendant le dernier semestre de l'exercice précédent. Le produit prévu des impôts sur la bière et l'alcool est en légère augmentation tandis que celui de l'impôt sur le tabac marque une faible diminution. Selon toute probabilité, on considère que la consommation de ces produits en 1927-28 approche du maximum, étant donné les conditions actuelles de la vie et que la forte augmentation de la consommation qui s'est produite en 1927-28 semble ne pouvoir se poursuivre.

b. Recettes administratives et recettes diverses.

Le tableau suivant représente les recettes administratives et les autres recettes du Reich :

Recettes administratives et recettes diverses (en millions de reichsmarks)	1924-25 chiffres définitifs	1925-26 chiffres définitifs	1926-27 chiffres définitifs	1927-28 chiffres provisoires	1928-29 prévisions
Recettes des investissements, etc.					
Part dans les bénéfices de la Reichsbank	56	12	4	6	4
Excédent de la Reichspost ...	—	—	12	70	100
Remboursement d'avances, d'intérêts, etc.	60	49	128	—	8
Remboursement de prêts pour assistance productive, etc. ...	20	5	17	53	153
Dividende des actions de préférence de la Compagnie des Chemins de fer	—	—	3	30	51
Recettes diverses..........	11	11	16	18	16
Total...	147	77	180	177	332
Redevances, amendes, etc.					
Redevances, amendes, droit sur les brevets d'invention, etc.	53	59	48	53	46
Droit sur les canaux	26	26	32	32	27
Ministère des Finances, recettes diverses	51	37	44	40	43
Autres recettes..............	58	65	62	69	28
Total...	188	187	186	194	144
Bénéfice de la frappe des monnaies	100	214	149	100	175
Total global...	435	478	515	471	651

En 1927-28, ces revenus ont diminué de plus de 40 millions de reichsmarks, par suite surtout d'une réduction des bénéfices de la frappe des monnaies. Comme en 1926-27, la frappe des monnaies n'a effectivement produit que la moitié environ des évaluations du budget.

Pour 1928-29, le budget prévoit une augmentation de 180 millions due principalement à un versement plus élevé sur les bénéfices de la Reichspost, à un produit plus élevé de la frappe des monnaies et au remboursement d'un emprunt de 80 millions consenti à la Compagnie des Chemins de fer allemands d'août 1926 à mars 1927, pour procéder à des travaux et à des commandes qui porteraient remède au chômage et favoriseraient le développement économique. La date du remboursement de cet emprunt est fixée au 1ᵉʳ novembre 1929, mais suivant une indication contenue dans le budget, « la Compagnie des Chemins de fer peut rembourser avant cette date et est disposée, sans préjudice de l'exécution des termes du contrat, à faire usage de ce droit au plus tard le 31 mars 1929 si sa situation financière le permet. » Quant aux recettes provenant de la frappe des monnaies, évaluées à 175 millions, il convient, après l'expérience des années antérieures, d'exprimer quelque réserve.

4. Analyse des dépenses.

Les principales catégories de dépenses pendant la période de cinq années sont indiquées dans les paragraphes qui suivent avec les commentaires appropriés, notamment pour les chiffres de 1927-28 et 1928-29.

a. Reversements aux États et aux Communes.

Les reversements aux États et aux communes continuent d'être le poste de dépenses le plus élevé du budget du Reich. En vertu de l'arrangement provisoire existant, le Reich reverse aux États 75 % de l'impôt sur le revenu et de l'impôt sur le revenu des sociétés, et 30 % de l'impôt sur le chiffre d'affaires et garantit un minimum de reversements au titre de ces impôts de 2.600 millions de reichsmarks. Le Reich reverse également 96 % de l'impôt sur les transactions foncières, de l'impôt sur les automobiles et de l'impôt sur les paris aux courses et 50 % d'une certaine partie de l'impôt sur la constitution des sociétés. Outre ces reversements, le Reich effectue des transferts et des payements spéciaux. Les États du Sud reçoivent des reversements, évalués à 59 millions en 1928-29, provenant de l'impôt sur la bière ; un pourcentage minimum sur le rendement moyen, par tête, de l'impôt sur le revenu et les sociétés est assuré à certains États au moyen d'un crédit de 15 millions. Les chiffres ci-après indiquent que dans chacune des cinq années ces reversements ont absorbé un peu plus d'un tiers du total des recettes fiscales du Reich. Ils montrent également que, pendant les deux dernières années, les reversements ont absorbé un pourcentage croissant de l'augmentation totale des recettes fiscales du Reich, pourcentage, s'élevant à plus de 50 % en 1928-29. Ceci résulte du fait que le produit des impôts sujets à reversements a augmenté plus considérablement que celui des impôts dont le Reich garde en totalité le produit.

	1924-25 chiffres effectifs	1925-26 chiffres effectifs	1926-27 chiffres effectifs	1927-28 chiffres provisoires	1928-29 prévisions
Reversements, en millions de reichsmarks	2.770	2.596	2.626	3.012	3.218
Pourcentage des reversements dans le total des recettes fiscales	37,8	37,9	36,6	35,5	36,3
Pourcentage de l'augmentation des reversements à l'augmentation des recettes fiscales	—	diminution	9,4	29,4	55,4

Des payements annuels considérables présentant le caractère de remboursements pour services administratifs assumés pour le Reich sont faits également aux États en ce qui concerne les canaux et voies navigables, les dettes de chemins de fer d'État et la police, les versements pour la police atteignant 190 millions environ. Dans le budget supplémentaire de 1927-28, ces versements, qui ne sont pas effectués au titre des impôts, ont été accrus de 23 millions pour la police et de 27 millions pour loyers et autres objets.

L'arrivée à expiration du règlement provisoire à la fin du présent exercice, le 31 mars 1929, soulève de nouveau la question d'un règlement définitif des relations financières entre le Reich, d'une part, les États et les communes, de l'autre. Les Experts dans leur Rapport ont amplement discuté ces relations et insisté sur la nécessité de leur règlement sur la base d'un « principe financier clair ». Toutefois, ils ont estimé que « le sentiment de son propre intérêt conduira le Gouvernement du Reich à conclure avec les États de prudents arrangements ». Etant donné le rapport étroit de ces relations avec l'exécution du Plan des Experts, chaque Rapport de l'Agent Général des Payements de Réparations a attiré l'attention sur la nécessité d'un règlement définitif établi de façon à permettre au Reich d'exercer un contrôle sur ses principales recettes au lieu de le dépouiller automatiquement d'une part aussi forte de ces recettes. Le Memorandum de l'Agent Général au Gouvernement allemand, en date du 20 octobre 1927, a égalemer fait ressortir l'importance de la question. Le Gouvernement allemand, dans sa réponse, parlait

> « d'un retour à une situation économique normale » comme d'un premier pas « vers un règlement financier définitif », et il estimait « impossible d'établir pour des collectivités publiques non encore rationalisées un règlement financier définitif, alors que l'économie publique n'est pas non plus rationalisée elle-même, qu'il est difficile d'en évaluer la capacité de production et que la situation de l'agriculture est constamment défavorable. »

L'argument demandant que l'on attende que ces diverses conditions soient remplies avant d'entreprendre un règlement définitif semble être, en général, un argument en faveur d'un ajournement indéfini. Dans l'intervalle toutefois, l'économie nationale, rationalisée ou non, a accru sa capacité d'imposition et les augmentations qui en résultent dans les reversements du Reich et atteignent près de 600 millions entre 1926-27 et 1928-29, sont absorbées par les finances des États et des communes et tendent à augmenter sans cesse le minimum des reversements qui servira de base au règlement futur. Dans l'intervalle, l'augmentation des reversements que les États et les communes ne peuvent pas évaluer exactement d'avance agit aussi dans une certaine mesure comme une bonne aubaine pour eux et loin d'encourager l'économie, stimule au contraire des dépenses superflues. En outre, la base actuelle pour ces relations financières n'encourage pas, mais retarde plutôt la rationalisation administrative des États et des communes. Un des moyens les plus efficaces d'accélérer la rationalisation administrative dans les États et les communes serait un règlement définitif dont le principe engagerait plus complètement la responsabilité des États et des communes dans l'établissement des taxes dont ils dépensent le produit. Ainsi qu'il a déjà été dit dans ces Rapports :

> « C'est, en général, un principe fiscal juste que d'exiger que les recettes soient perçues par l'autorité qui fait les dépenses. Cependant, d'après le système en vigueur en Allemagne, les États et les communes ont pour fonction de dépenser une grande partie des impôts que le Reich perçoit sous sa propre responsabilité. Cette pratique tend en elle-même à soustraire les États et les communes à l'obligation de faire des économies et de réduire les dépenses, obligation qu'ils sentiraient, si la

responsabilité de percevoir les impôts indispensables leur incombait. »

Quelles que puissent être les difficultés historiques qu'implique cette question, et étant admis qu'elles existent, il est clair que ni les finances du Reich, ni celles des États et des communes ne peuvent se développer d'une façon supportable tant que la question n'est pas réglée sur la base d'un « principe financier clair », qui rendra au Reich le contrôle équitable de ses principales recettes fiscales. Le fait que par la politique de temporisation poursuivie jusqu'à présent le Reich perd le contrôle, peut-être définitivement, sur une partie toujours plus grande de ses recettes fiscales et sur une proportion croissante de leur augmentation d'année en année, doit fournir de lui-même au Gouvernement allemand un stimulant très énergique pour procéder sans délai à un règlement définitif.

b. Dépenses générales d'administration.

Les dépenses générales d'administration, exprimées en millions de reichsmarks, peuvent être subdivisées ainsi qu'il suit :

| | 1924-25 | 1925-26 | 1926-27 | 1927-28 | 1928-29 |
	chiffres effectifs	chiffres effectifs	chiffres effectifs	prévisions budgétaires	prévisions
Armée et Marine	459	588	647	701	706
Ministère des Finances	345	395	410	475	499
Dépenses sociales	273	401	446	527	615
Communications	98	109	146	159	152
Intérieur	199	206	274	300	208
Territoires occupés, etc.	154	25	51	55	25
Commerce, Industrie, Agriculture	21	40	38	103	107
Affaires étrangères	39	47	60	57	58
Dépenses diverses	72	156	207	282	131
	1.660	1.967	2.279	2.659	2.501

Il a été nécessaire dans ce tableau d'utiliser les prévisions budgétaires de 1927-28 parce que le détail des chiffres provisoires des comptes définitifs de cet exercice n'est pas encore disponible. Le chiffre total provisoire est toutefois connu, il s'élève à 2.472 millions. Il est de 187 millions inférieur aux prévisions budgétaires, mais de près de 200 millions supérieur au chiffre de 1926-27.

Pour 1928-29, les évaluations sont de 30 millions environ supérieures au total provisoire de 1927-28. En comparaison avec les prévisions budgétaires de 1927-28, l'augmentation principale porte sur les dépenses sociales, elle est due aux augmentations des contributions pour les pensions d'invalidité et de vieillesse, estimées nécessaires pour compenser les pertes subies par les fonds de pensions à la suite de l'inflation. Les principales diminutions concernent l'Intérieur, les dépenses pour la police, les subsides pour la Prusse orientale, les secours pour dommages causés par les inondations et également les dépenses diverses. En ce qui concerne ces dernières, les crédits pour les augmentations de traitements des fonctionnaires en 1928-29 sont répartis entre les divers Ministères, tandis que, pour l'année précédente, ils figuraient pour une somme globale dans les dépenses diverses.

c. Charges intérieures résultant de la guerre.

Les dépenses sous cette rubrique sont les suivantes.

Charges intérieures résultant de la guerre (en millions de reichsmarks)	1924-25 chiffres définitifs	1925-26 chiffres définitifs	1926-27 chiffres définitifs	1927-28 chiffres provisoires	1928-29 prévisions
Obligations résultant du Traité de Paix antérieures au fonctionnement du Plan des Experts ou non couvertes par ce plan:					
Frais d'occupation	180	—	—	12	39
Livraisons en nature	573	—	14	—	9
Payements en espèces (bons belges)	49	—	—	—	—
Liquidation des dommages de guerre subis par les Allemands à l'étranger et payements des Offices de compensation	180	183	169	83	89
Secours, pensions, etc. aux anciens fonctionnaires allemands dans les territoires cédés ou occupés	37	42	36	50	46
Subventions pour la transformation des usines de munitions autorisées et frais de démolition des forteresses, etc.	19	24	17	12	13
Divers	149	104	69	56	17
Total....	1,137	353	305	213	213

L'importance du total en 1924-25 est due à l'inclusion de 752 millions de reichsmarks relatifs à des dépenses faites en vertu du traité de paix avant l'entrée en vigueur du Plan des Experts. Après le 1er septembre 1924, l'Annuité versée en vertu du Plan a supporté presque entièrement les frais occasionnés par ces charges. Les payements pour la liquidation des dommages de guerre augmenteront sans aucun doute considérablement en 1928-29 par suite de payements en espèces s'élevant au total à 245 millions votés dans le budget supplémentaire de 1927-28 et dans le budget de 1928-29 pour le règlement définitif des petites créances.

d. Secours aux chômeurs.

Les dépenses pour les secours aux chômeurs à l'exclusion des avances et investissements spéciaux faits au cours de 1926-27 et de 1927-28 pour procurer du travail, ont été les suivantes, exprimées en millions de reichsmarks:

	1924-25 chiffres définitifs	1925-26 chiffres définitifs	1926-27 chiffres définitifs	1927-28 chiffres provisoires	1928-29 prévisions
Secours aux chômeurs	86	163	426	323	125

La réduction du crédit à 125 millions en 1928-29 constitue un changement très remarquable. Elle est due en partie au nombre plus grand de la main-d'œuvre occupée pendant la période actuelle d'activité économique et en partie au fonctionnement de la nouvelle loi sur l'assurance contre le chômage, entrée en vigueur le 1er octobre 1927. En vertu de cette loi, les secours ordinaires sont couverts par les versements des employeurs et des salariés. Au cas seulement où ces versements sont insuffisants, le Reich est tenu de faire l'avance des fonds pour les secours *ordinaires* et les fonds ainsi avancés doivent lui être remboursés par la caisse centrale de chômage dès que ses ressources le lui permettent. Sur le crédit de 125 millions, inscrit au budget de 1928-29, 100 millions sont destinés *aux secours de crise* dont les frais, pour les quatre cinquièmes, sont supportés par le Reich, le reste étant à la charge des communes; en outre, 25 autres millions sont portés au budget extraordinaire pour les travaux productifs en vue de remédier au chômage. Par rapport au nombre de personnes qui ont touché effectivement des secours de crise au cours de 1927-28, le montant du crédit ne paraît pas très élevé. Le Ministre du Travail a, d'ailleurs, déclaré au Reichstag, le 15 février 1928, que la dépense étant obligatoire, il pourrait être nécessaire, en cas de besoin, de demander plus tard une nouvelle somme dans un budget supplémentaire.

e. Pensions de guerre et pensions civiles.

Les dépenses de pensions ont augmenté régulièrement, ainsi que le montrent les chiffres suivants, exprimés en millions de reichsmarks:

	1924-25 chiffres définitifs	1925-26 chiffres définitifs	1926-27 chiffres définitifs	1927-28 chiffres provisoires	1928-29 prévisions
Pensions de guerre....	998	1.330	1.375	1.555	1.674
Pensions civiles	69	99	88	98	106
Total.,;.	1.067	1.429	1.463	1.653	1.780

L'augmentation constatée dans les trois premières années est due à une disposition de la loi sur les pensions qui permet au Ministre des Finances d'adapter l'échelle des pensions au coût de la vie. Pour 1927-28 et pour 1928-29, l'augmentation provient surtout des lois votées en décembre 1927 qui accroissent les taux des pensions et secours. Les augmentations dues aux lois nouvelles, estimées à 240 millions environ, sont entrées en vigueur le 1er octobre 1927. La moitié de ce montant est comprise dans les chiffres de 1927-28 et le montant total dans les chiffres de 1928-29. 20 millions environ de l'augmentation de ces deux dernières années sont dus à l'inclusion sous ce poste des versements faits aux vétérans de la guerre de 1870-71 et des guerres antérieures, versements qui, auparavant, figuraient parmi les dépenses générales d'administration.

f. Payements au titre de la dette revalorisée.

Les payements au titre de la dette revalorisée sont les suivants, en millions de reichsmarks :

	1924-25	1925-26 chiffre définitif	1926-27 chiffre définitif	1927-28 chiffre provisoire	1928-29 prévisions
Payements au titre de la dette revalorisée	—	1	241	409	854

La loi prévoyant l'amortissement de la dette revalorisée du Reich a été expliquée en détail dans les précédents Rapports. Les payements se composent 1. du crédit affecté chaque année au payement des titres de dette sortis au tirage, 2. des annuités payées aux détenteurs nécessiteux et 3. de l'annuité versée pendant quinze ans à des institutions d'assistance et établissements scientifiques en échange des titres de dette auxquels ils ont droit. L'évaluation officielle des crédits requis chaque année est pour le premier poste de 240 millions, pour le deuxième, de 75 millions et pour le troisième, de 10 millions.

L'augmentation en 1927-28 était due en partie au fait que des tirages différés de 1926-27 ont été compris dans ces payements, en partie, à l'augmentation des payements aux porteurs nécessiteux et à l'accroissement des frais d'administration. Le crédit pour 1928-29 dépasse de 30 millions environ le chiffre normal par suite de l'insuffisance des crédits des deux exercices précédents due aux tirages différés.

g. Investissements, prêts, etc.

Les dépenses de cette nature exprimées en millions de reichsmarks sont les suivantes :

	1924-25 chiffre effectif	1925-26 chiffre effectif	1926-27 chiffre effectif	1927-28 chiffre provisoire	1928-29 prévisions
Investissements, prêts, etc. ...	112	801	488	249	189

Ces dépenses, ainsi que l'ont exposé d'une façon circonstanciée les tableaux publiés dans les Rapports antérieurs, concernent une grande variété d'entreprises. En 1927-28 et 1928-29, leur volume a beaucoup diminué, suivant en cela la tendance générale à la compression des dépenses du budget extraordinaire, au titre duquel la plupart d'entre elles sont effectuées. Il s'agit des postes suivants :

	1927-28 Chiffres provisoires	1928-29 Prévisions
Participations :		
Construction de canaux, transports automobiles, banques de crédit à la navigation	11	10
Deutsche Bau- und Boden-Bank A. G.	—	10
Prêts pour :		
Maisons d'habitation et colonisation agricole....	2	— 20
Construction de lignes par la Compagnie des Chemins de fer	27	0
Avances aux États pour hypothèques sur maisons d'habitation.........................	49	—
Dépenses productives concernant :		
la colonisation agricole......................	53	50
les maisons d'habitation et la colonisation dans les territoires occupés, les régions frontières, etc.	8	1
la construction de voies navigables	60	45
les logements pour fonctionnaires	7	10
les Deutsche Werke, etc.	2	—
des subsides à l'industrie aéronautique et à l'industrie automobile..................	18	21
des entreprises diverses	8	1
Réserve pour pertes subies en raison de garanties assumées par le Reich......................	14	12
Total....	240	189

— 61 —

Les postes des exercices antérieurs qui ont été réduits ou supprimés au cours de ces deux exercices sont surtout des prêts pour la construction de lignes de chemins de fer et pour l'encouragement à la production agricole ainsi que des avances aux États pour hypothèques sur maisons d'habitation. Ce dernier poste représente un nouveau payement fait en 1927-28 sur le crédit de 200 millions voté l'année précédente.

5. Relation entre les payements de réparations et le budget du Reich.

Du point de vue des payements de réparations, ces cinq exercices du Reich présentent un intérêt particulier étant donné qu'ils embrassent la période de transition pendant laquelle le Reich assume des payements suivant une échelle ascendante allant jusqu'au payement intégral ou payement normal de la cinquième année d'application du Plan. L'exercice 1928-29 comprend sept mois de la cinquième année d'application du Plan pendant laquelle, en plus des 290 millions de marks-or provenant de l'impôt sur les transports, la contribution du budget allemand atteint le montant normal de 1,250 millions de marks-or. Les contributions budgétaires prévues par le Plan pour les années de réparation se répartissent ainsi sur les différents exercices.

Contributions prélevées sur le budget du Reich (en millions de marks-or)	Années d'application du Plan commençant le 1er septembre		Exercices financiers commençant le 1er avril	
	Contribution budgétaire proprement dite¹)	Impôt sur les transports	Contribution budgétaire proprement dite¹)	Impôt sur les transports
1924-25	néant	néant	néant	néant
1925-26	250	250	146	146
1926-27	410	200	276	262
1927-28	500	200	530	302
1928-29	1.250	200	938	200
1929-30	1.250	200	1.250	200

¹) Susceptible d'augmentation à partir de 1929-30 suivant l'indice de prospérité.

Pendant l'exercice 1924-25, ainsi qu'on le remarquera, le Plan ne prévoit aucune contribution budgétaire. Le tableau ci-après, qui se rapporte aux quatre exercices ultérieurs, indique le rapport entre les contributions budgétaires, y compris les payements au titre de l'impôt sur les transports et la réserve du Commissaire aux Revenus Gagés, d'une part, et le total des recettes et des dépenses budgétaires, d'autre part. À partir de 1925-26, il indique l'augmentation par rapport à l'année antérieure a. des recettes fiscales, b. des payements au titre des réparations, c. et des dépenses autres que les payements au titre des réparations :

Relation entre les payements de réparations et le budget du Reich (en millions de reichsmarks)	Recettes budgétaires		Payements de réparations		Autres dépenses	
	Total	Augmentation	Total	Augmentation	Total	Augmentation
1925-26 (chiffres définitifs)..	6.856	—	201	—	7.153	—
1926-27 (chiffres définitifs)..	7.175	319	550	259	7.993	840
1927-28 (chiffres provisoires)	8.490	1.315	899	349	8.417	424
1928-29 (prévisions)	8.862	372	1.247	348	8.454	37
	—	2.006	—	956	—	1.301

On remarquera que, tandis que les payements de réparations ont augmenté de 956 millions au cours des trois dernières années, les recettes fiscales ont augmenté de 2.006 millions pendant la même période et que dans chacune des trois années l'accroissement des recettes fiscales est plus que suffisante pour faire face à celui des payements de réparations. On remarquera, en outre, que les payements de réparations augmentaient de 956 millions au cours de ces trois années, tandis que les dépenses autres que les payements de réparations augmentaient de 1.301 millions.

6. Considérations générales sur le budget du Reich.

Les budgets de ces cinq exercices embrassent la période de relèvement qui, selon les Experts, devait être nécessaire avant que l'Allemagne pût assumer les payements normaux de réparations que le Plan lui imposait. Dans l'état de confusion et de désordre qui régnait en Allemagne au moment où fut rédigé le rapport des Experts, il était difficile d'évaluer les payements intérieurs que ce pays serait capable d'effectuer et, en particulier, les montants qui pourraient être prélevés sur ses revenus publics sans compromettre son équilibre budgétaire. Après avoir « tenu compte du rendement probable de ses divers impôts et de sa capacité contributive dans son ensemble », et après avoir tenu compte « d'une certaine augmentation inévitable des dépenses », les Experts ont proposé un état de payements comprenant des contributions prélevées sur le budget qui augmentent graduellement pendant la période de transition et atteignent le montant normal pendant la cinquième année d'application du Plan, commençant le 1er septembre 1928. Quant aux payements proposés, le Comité estimait

« qu'il est possible pour le peuple allemand de faire face aux charges imposées par le projet sans que son niveau d'existence devienne inférieur à celui des Pays alliés et de ses voisins d'Europe qui sont également soumis à de lourdes charges résultant en grande partie de la catastrophe de la guerre. »

Les années qui ont suivi ont largement confirmé les prévisions des Experts. Le relèvement économique de l'Allemagne a fait des progrès constants et l'accroissement de sa richesse imposable s'est promptement répercuté dans les recettes publiques. Dès le début de l'application du Plan, au cours de l'exercice 1924-25, les recettes du Reich ont été de beaucoup en excédent sur ses besoins effectifs de dépenses. Le large excédent réalisé a encouragé les demandes de nouvelles dépenses et de réductions d'impôts. Il a été procédé aux unes comme aux autres en sorte que lorsque la dépression de 1926 a amené une crise de chômage nécessitant des frais élevés d'assistance, le budget n'avait que des réserves insuffisantes, et pour couvrir les dépenses dites dépenses extraordinaires il fallut recourir à des autorisations d'emprunter. Les finances du Reich commencent seulement maintenant à se relever des conséquences de ce système. En outre, ce procédé n'est pas resté spécial au Reich, mais est devenu général parmi les États et les communes. Le stimulant ainsi donné aux dépenses exagérées n'a pas cessé lorsque la crise a perdu de son acuité et que les recettes ont augmenté. Au contraire, la tendance a persisté, et, particulièrement dans le cas des communes, elle a été accentuée du fait de la disposition des marchés étrangers à leur prêter des capitaux.

Diverses indications sur le rôle plus actif que le Reich a récemment assumé, en vue d'orienter les finances publiques vers une gestion mieux ordonnée, se trouvent dans les sections qui précèdent et dans d'autres chapitres du présent Rapport. Quoique la tendance générale à faire des dépenses exagérées, même dans son propre cas, n'ait pas absolument disparu, le Reich fait néanmoins des progrès en cherchant à contrôler ses dépenses et se sert de son influence pour s'opposer à une augmentation générale des dépenses publiques, qui, bien plutôt que le manque de recettes, est la source des difficultés budgétaires actuelles de l'Allemagne. En effet, en dépit de fortes réductions d'impôts, les recettes ont montré un développement qui prouve avec une évidence frappante l'augmentation des revenus, du pouvoir de consommation et de la richesse imposable de l'économie allemande.

Du point de vue des payements de réparations, l'augmentation des recettes du Reich est d'une importance capitale. Malgré des réductions de recettes qui ont dépassé la contribution budgétaire normale, par suite des différentes diminutions d'impôts qui ont été opérées au cours de cette période de cinq ans, il est satisfaisant de noter que, pendant les trois derniers exercices envisagés, l'augmentation de recettes est plus du double de l'augmentation du total des contributions budgétaires de ces années. En outre, le rendement des revenus gagés atteint maintenant plus du double de la contribution budgétaire normale à laquelle ils servent de garantie. Ainsi donc, à mesure que l'on approche de l'annuité normale, l'expérience antérieure et l'expérience présente justifient pleinement la conclusion que la question ne peut guère se poser de la capacité du budget du Reich de fournir le montant total de sa contribution normale en vertu du Plan.

B. BUDGET DE LA REICHSPOST.

Les budgets de la Reichspost pour les trois exercices 1924-25, 1925-26 et 1926-27 ont été présentés avec quelques détails dans le Rapport précédent qui contient aussi un bref aperçu de l'organisation générale de la Reichspost. Le budget de 1927-28 qui, selon l'opinion exprimée par le Ministre des Postes en novembre 1927, devait donner un déficit de plus de 100 millions de reichsmarks, a été modifié depuis par un budget supplémentaire réduisant de 86 millions les prévisions de dépenses et transférant à 1928-29 des dépenses d'un total de 20 millions pour achat de matériel et de fournitures. Les recettes et les dépenses effectives pour les onze premiers mois de 1927-28 ont été publiées et font ressortir des augmentations appréciables sur celles de l'année antérieure. Les recettes sont de 1,850 millions contre 1.562 millions il, y a un an, soit une augmentation de 18,4 % ; les dépenses sont de 1,811 millions contre 1.536 millions il y a un an, soit une augmentation de 17,9%. Les recettes reflètent l'augmentation des tarifs postaux qui est entrée en vigueur le 1er août 1927 et les dépenses sont accrues par le relèvement des traitements et des pensions en vigueur depuis le 1er octobre 1927. D'après des informations publiées par la presse, le Ministre a exposé au Conseil d'administration de la Reichspost, le 25 février 1928, qu'en 1927-28 le capital de la Reichspost a augmenté de plus de 300 millions, chiffre légèrement supérieur à la moyenne des trois exercices précédents.

Le budget de 1928-29 adopté par le Conseil d'administration, le 25 février 1928, n'a pas été publié, mais, d'après la presse, il prévoit le transfert de 100 millions au Reich sur l'excédent prévu, et est équilibré grâce à une autorisation d'emprunter pour couvrir des dépenses de capital s'élevant à 50 millions. Le total des autorisations d'emprunter atteint actuellement 224 millions, mais il n'a pas encore été fait usage de ces autorisations et la Reichspost a, jusqu'à présent, couvert ses dépenses de capital au moyen de crédits provenant de la Reichsbank et des fonds des chèques postaux.

Le service des chèques postaux, après être resté assez stationnaire pendant l'année civile 1926, s'est sensiblement développé dans le courant de 1927, le montant des transactions augmentant de 19 % environ.

C. BUDGETS DES ÉTATS ET DES COMMUNES.

Depuis le dernier Rapport, la Prusse, la Bavière et le Wurtemberg ont voté leurs budgets pour l'exercice 1928-29. Ils semblent éprouver encore des difficultés à équilibrer leurs budgets en dépit de reversements du Reich plus élevés et d'un accroissement des recettes des États. Ce fait est dû largement aux engagements pour les augmentations de salaires et de pensions des fonctionnaires, correspondant aux augmentations consenties par le Reich. Les renseignements sur les finances des communes restent très rares. Comme suite à la publication de certaines statistiques financières des États et des communes mentionnées dans le dernier Rapport, il est procédé actuellement à la publication trimestrielle des recettes des États et des communes provenant des impôts qu'ils perçoivent eux-mêmes ; cette publication fait ressortir, comme pour les recettes du Reich, une augmentation marquée des recettes en 1927-28. De nouvelles statistiques ont été également publiées en juin 1928, elles concernent les recettes et dépenses des États et des communes en 1913-14 et 1925-26.

1. Budget de l'Etat prussien.

L'Etat prussien couvrant plus des deux tiers de la superficie de l'Allemagne et comprenant près des deux tiers de sa population et de ses industries, les budgets de cet Etat peuvent être considérés comme caractéristiques des budgets des Etats en général et, conformément à l'usage, nous présentons au tableau de la page 66 une brève analyse de la situation du budget de la Prusse ; dans ce tableau, les chiffres des trois premières années sont ceux des comptes définitifs, tandis que ceux des deux dernières années sont ceux des prévisions budgétaires.

Dans les comptes définitifs de la Prusse pour 1926-27, publiés récemment, les recettes et les dépenses montrent une augmentation considérable sur celles des deux années précédentes. Ces augmentations de dépenses proviennent largement de la crise du chômage de 1926-27, qui a nécessité, pour les allocations, des dépenses élevées, dont le total a atteint 381 millions de reichsmarks. Ces payements ont été en partie satisfaits par des reversements spéciaux aussi bien que par des reversements normaux plus élevés du Reich, d'un total atteignant 213 millions contre 90 millions l'année précédente. Les dépenses extra-budgétaires qui ont été couvertes par des emprunts ont atteint 162 millions, soit presque le double de celles de l'année précédente.

Le budget de 1927-28 a été présenté dans le dernier Rapport, mais les comptes définitifs ne seront pas connus avant 1929. Suivant des renseignements fournis à la Commission du budget du Landtag, l'année se clôturera pour le budget ordinaire par un déficit de 14 millions, dû entièrement à l'accroissement des charges au titre des traitements des fonctionnaires et des pensions entré en vigueur le 1er octobre 1927 ; sans cela, un excédent appréciable aurait été réalisé.

Le budget de 1928-29 a été voté par le Landtag le 30 mars 1928. Les prévisions de presque tous les postes de recettes ont été relevées, l'augmentation principale consistant dans les reversements du Reich qui s'accroissent de 190 millions dont 90 millions pour l'Etat et 100 millions pour les provinces et les communes. Les impôts perçus par l'Etat augmentent de 131 millions, dont 120 millions proviennent de l'impôt sur les loyers. Les dépenses générales d'administration augmentent de 205 millions, chiffre qui correspond exactement à l'augmentation de charges au titre des traitements et des pensions. D'autres postes de dépenses restent sensiblement inchangés. Le résultat net est un excédent de 40 millions des dépenses sur les recettes, couvert au moyen d'un prélèvement sur le fonds de roulement.

Les comptes budgétaires de la Prusse diffèrent de ceux du Reich en ce que, à la fin de l'année, des recettes réservées ne sont pas régulièrement reportées au nouvel exercice pour couvrir des dépenses non effectuées et reportées.

Tableau d'ensemble du budget de la Prusse (en millions de reichsmarks)	1924-25 chiffres définitifs	1925-26 chiffres définitifs	1926-27 chiffres définitifs	1927-28 prévisions	1928-29 prévisions
Recettes					
provenant du Reich:					
Reversements d'impôts:					
Pour les besoins de l'État...	795	707	726	776	866
Pour les provinces et les communes	884	830	816	880	980
Subsides pour la police, secours de chômage, etc..........	226	826	422	169	161
Emprunts	—	—	90	—	—
Contributions des communes...	18	27	86	83	40
Recettes fiscales:					
Pour les besoins de l'État...	560	719	757	675	746
Pour les provinces et les communes	314	861	500	548	607
Recettes administratives, etc.:					
Produits des biens d'État...	119	57	82	72	84
Remboursement de prêts	—	10	65	28	24
Recettes diverses	272	841	850	204	826
Total des recettes....	8.183	8.378	8.794	8.470	8.848
Dépenses					
Reversements aux provinces et aux communes:					
Reversements d'impôts..........	1.107	1.101	1.815	1.428	1.596
Subsides	19	52	38	23	83
Dépenses administratives générales:					
Instruction publique	522	583	588	588	702
Police	242	205	200	340	344
Justice..........	227	270	807	289	881
Pensions	148	184	184	200	221
Dépenses sociales	84	278	431	87	86
Commerce, industrie, agriculture	84	128	125	122	186
Travaux publics, etc..........	87	40	56	45	51
Administration des Finances.	92	107	104	108	121
Dépenses diverses	48	87	117	115	— 122
Investissements, prêts, etc.......	75	248	277	156	178
Dépenses exceptionnelles de capital..........	83	86	162	(non compris dans les prévisions budgétaires)	
Réduction de la dette publique.	11	2	1	4	17
Total des dépenses....	2.800	8.569	8.994	8.470	8.888
Excédent des recettes sur les dépenses	874	—	—	—	—
Excédent des dépenses sur les recettes	—	191	200	—	40
Autres ressources portées en compte					
Report de l'excédent des exercices antérieurs..........	—	157	2	—	40
Report du déficit de l'exercice antérieur	— 0	—	—	—	—
Produit des emprunts	8	—	178	—	—
Excédent (+) ou déficit (—)...	+ 876	— 84	— 25	—	—

2. *Statistiques financières des États et des communes.*

Les deux premières parties des statistiques des États et des communes pour 1925-26, qui ont été publiées et réunies en vertu de la loi du 10 août 1925, ont été commentées dans le dernier Rapport. En mars 1928, l'Office de Statistique du Reich a commencé la publication par trimestre des recettes fiscales du Reich, des États et des communes de plus de 5.000 habitants. Dans le tableau ci-après, les recettes fiscales des trois premiers trimestres de 1927-28 sont comparées à celles de la période correspondante de 1926-27. On remarquera que dans les publications trimestrielles les recettes des États et des communes sont réunies et que ces recettes sont classées suivant l'autorité qui procède à la perception, et non pas suivant l'autorité qui les emploie, ainsi que cela a été fait pour les statistiques publiées en juin 1927 et en juin 1928.

Recettes fiscales du Reich, des États et des communes [1] (en millions de reichsmarks)	Avril-Décembre 1926			Avril-Décembre 1927		
	Reich	États et communes	Total	Reich	États et communes	Total
Impôts sur la propriété						
Revenus et propriété en général	2.289	—	2.289	2.856	—	2.856
Propriété immobilière, professions	—	958	958	—	1.168	1.168
Loyers	—	1.075	1.075	—	1.193	1.193
Total....	2.289	2.033	4.322	2.856	2.861	5.217
Impôts sur le chiffre d'affaires, etc.						
Chiffre d'affaires et transactions	893	145	1.038	895	199	1.094
Moyens de transport..........	318	—	318	302	—	302
Total....	1.211	145	1.356	1.287	199	1.486
Droits de douane et impôts de consommation						
Douanes	650	—	650	928	—	928
Impôts sur la consommation et taxes somptuaires	1.142	150	1.292	1.264	189	1.403
Total....	1.792	150	1.942	2.192	189	2.331
Total général....	5.291 [2]	2.828	7.619 [2]	6.885	2.699	9.034

Pendant les trois premiers trimestres de 1927-28, les recettes fiscales des États et des communes ont augmenté de 371 millions de reichsmarks, soit 16 % sur la période correspondante de l'année antérieure. Cette augmentation, ajoutée aux reversements accrus d'impôts du Reich s'élevant à 290 millions, a fourni aux États et aux communes 660 millions environ de recettes fiscales supplémentaires au cours des neuf premiers mois de 1927-28 par rapport aux mois correspondants de l'année précédente.

Les impôts perçus par les États et les communes eux-mêmes sur la propriété immobilière et les professions ont produit 210 millions, soit 22 % de plus en 1927-28 que l'année précédente. Ce fait semblerait indiquer que les États et les communes ne se sont généralement pas conformés à la loi du 9 avril 1927, fixant le règlement provisoire actuel avec le Reich, en vertu duquel la tâche leur incombait de réduire leurs impôts sur la propriété immobilière et les professions proportionnellement à l'augmentation des reversements que le Reich leur garantit.

Une nouvelle partie des statistiques financières vient d'être publiée, elle présente provisoirement les recettes et les dépenses du Reich, des États, des communes et des villes hanséatiques pour 1913-14 et 1925-26 et complète les statistiques publiées en juin et novembre 1927, résumées dans le dernier Rapport. L'occasion ne s'est pas présentée de faire une étude détaillée de ces statistiques, mais elles sont résumées dans le tableau de la page 69. Toutefois, les chiffres de 1925-26 ont été modifiés dans le tableau en omettant sur les recettes le produit de l'Emprunt extérieur allemand 1924 ainsi que l'intérêt des obligations des chemins de fer allemands et des obligations industrielles allemandes ; et, du côté des dépenses, les payements de réparations effectués avec ces recettes, les capitaux impliqués n'ayant pas passé par l'intermédiaire du Ministère des Finances du Reich.

Les chiffres ci-après indiquent la proportion de chaque catégorie de dépenses dans le total des dépenses de 1913-14 et de 1925-26, après les modifications en question :

	1913-14 %	1925-26 %
Défense nationale, police, justice	32,9	14,0
Hygiène, assistance, logement	15,5	20,2
Instruction publique et beaux-arts	10,2	17,5
Moyens de transport, industrie, etc.	18,9	10,4
Administration des finances et du service de la dette	10,5	6,8
Affaires étrangères, intérieur, etc.	0,7	5,8
Charges de guerre intérieures	0,9	18,7
Charges de guerre extérieures (y compris les réparations)	—	8,1
Colonies	0,4	—
Dépenses diverses	—	—
	100,0	100,0

Les statistiques indiquent, comparées avec 1913-14, que les recettes et les dépenses de 1925-26 ont presque doublé ; et que l'excédent des dépenses sur les recettes courantes a augmenté de près de moitié, atteignant, en 1925-26, 635 millions dont près de 50 % étaient dus aux dépenses des communes. La méthode employée pour couvrir ce déficit n'est pas mentionnée, mais on sait que des recettes dépassant largement les dépenses ont en général été réalisées en 1924-25 et l'excédent de cet exercice a sans aucun doute été appliqué à combler le déficit. Sur le total des dépenses de 1925-26, 33 % environ ont été faites par le Reich ; sur le reste, soit 67 %, 39 % ont été faites par les communes, 25 % par les États et 3 % par les villes hanséatiques qui sont à la fois États et communes.

Recettes et dépenses des collectivités publiques allemandes (en millions de reichsmarks)	1913-1914[2]					1925-1926				
	Reich	États	Communes	Villes hanséatiques	Total[1]	Reich	États	Communes	Villes hanséatiques	Total
Recettes										
Impôts	1.630	781	1.509	131	4.051	4.272	2.396	3.206	246	10.121
Excédent provenant d'entreprises, etc.	182	490	261	40	973	Dr. 28	171	327	23	493
Emprunts, etc.	122	116	508	51	797	—	87	536	40	663
Recettes administratives	79	317	541	78	1.010	160	536	968	101	1.765
Total[1]	2.013	1.704	2.819	205	6.831	4.404	3.191	5.037	410	13.043
Dépenses										
Défense nationale, police, justice	1.825	416	114	29	2.384	834	815	201	59	1.909
Hygiène, assistance, construction d'habitations, etc.	64	77	906	74	1.121	478	422	2.694	103	3.088
Instruction publique et beaux-arts	4	527	810	46	1.386	28	1.202	1.022	77	2.889
Moyens de transport, industrie, etc.	59	275	583	89	1.006	217	358	754	92	1.420
Administration des finances et service de la dette	208	259	145	58	760	572	84	104	15	865
Affaires étrangères, intérieur, etc.	32	158	285	9	484	80	207	482	12	780
Charges de guerre intérieures	63	—	—	—	63	1.878	—	—	—	1.878
Charges de guerre extérieures	—	—	—	—	—	418	—	—	—	418
Colonies	33	—	—	—	33	—	—	—	—	—
Dépenses diverses	—	5	—	1	6	—	21	—	2	23
Total[1]	2.878	1.717	2.852	307	7.253	4.514	3.809	5.846	450	13.678
Excédent des dépenses sur les recettes courantes	304	13	34	11	422	110	178	309	80	635

[1] Différences provenant de l'arrondissement des chiffres

[2] Les chiffres pour 1913-1914 sont adaptés à l'étendue du territoire du Reich en 1925-1926, à l'exclusion de la Sarre

Le texte accompagnant les statistiques expose que la répartition actuelle des recettes et des dépenses entre les quatre groupes de collectivités publiques n'a pas changé sensiblement depuis 1925-26 et qu'en conséquence les statistiques de cette année sont d'une importance capitale pour se former un jugement sur la situation financière courante.

V. DETTE PUBLIQUE DE L'ALLEMAGNE.

Les dettes publiques à long terme du Reich, des États et des communes ont augmenté de 150 millions de reichsmarks environ pendant les six mois se terminant le 31 mars 1928, si l'on s'en réfère aux chiffres de l'Office de Statistique du Reich en ce qui concerne les émissions en Allemagne, et aux évaluations du Service Économique du Comité des Transferts en ce qui concerne les emprunts émis à l'étranger. Comme pendant les six mois précédents, cette augmentation a été due entièrement à des dettes nouvelles contractées par les États et par les communes, surtout par ces dernières ; quant à la dette du Reich, elle a diminué au cours de ces deux périodes. D'autre part, dès que les montants dus par le Reich aux termes de la loi du 30 mars 1928 aux personnes ayant droit à des indemnités pour les dommages subis, en raison de la guerre, par leurs biens à l'étranger, auront été définitivement arrêtés, un poste évalué actuellement à 1.100 millions environ devra être ajouté aux dettes du Reich.

A. DETTE PUBLIQUE DU REICH.

La dette publique du Reich a été réduite de 257 millions de reichsmarks au cours de l'exercice financier se terminant le 31 mars 1928, la diminution ayant été de 235 millions pour les six derniers mois.

La diminution des six derniers mois provient principalement des tirages de la dette de liquidation des emprunts ainsi que du remboursement d'emprunts aux banques et de titres de l'Emprunt extérieur. D'autre part, les acheteurs de l'emprunt du Reich de février 1927 ont versé récemment la dernière tranche de 30 millions et l'emprunt en question figure maintenant, pour son montant nominal intégral de 500 millions, dans le relevé de la dette.

Les bons du Trésor y apparaissent pour la première fois depuis 1925 pour un montant de 40 millions. La nouvelle émission de bons du Trésor qui, selon la revue « Wirtschaft und Statistik », sont des bons à trois mois, a eu lieu en février et en mars, et on annonce que de nouveaux montants ont été émis depuis. Ces bons sont émis en application de la loi de finances de 1927-28, confirmée par la loi de finances de 1928-29 autorisant le Ministre des Finances à contracter des emprunts ne dépassant pas 400 millions pour le fonds de roulement ordinaire du Reich et 75 millions pour le fonds de roulement du Monopole de l'alcool.

La conversion des emprunts du Reich libellés en marks-papier en titres de la dette revalorisée, connue sous le nom de dette de liquidation des emprunts, a été décrite tout au long dans les Rapports précédents. Le montant définitif de la dette du Reich à cet égard n'est pas encore déterminé, mais d'après un commentaire des prévisions budgétaires pour 1928-29, le montant des droits de tirage n'est pas inférieur à 960 millions. Ces droits doivent être rachetés par tirages s'échelonnant sur une période de 30 années au quintuple de leur montant nominal, soit 4.800 millions plus 4¹/₂% d'intérêt par an à partir du 1ᵉʳ janvier 1926. Sur cette base, le service annuel de la dette en question nécessite 240 millions. Toute fraction dudit montant affectée à cet usage, mais non utilisée au cours d'une année donnée, est transférée au fonds d'amortissement établi lors de la conversion.

Les obligations assumées par le Reich, conformément à la loi du 30 mars 1928, qui règle définitivement les dommages résultant de la guerre subis par les ressortissants allemands, soit pour des biens qu'ils possédaient à l'étranger, soit par suite d'actes de guerre, n'ont pas encore été définitivement établies et elles ne figurent pas encore dans le relevé de la dette. Les personnes dont les dommages se montent à moins de 20.000 reichsmarks recevront une indemnité payable en espèces, tandis que celles dont les dommages dépassent 20.000 reichsmarks toucheront les montants qui leur sont dus en titres qui seront libellés en reichsmarks, mais dont la valeur or sera garantie; ces titres seront inscrits au Grand Livre de la Dette du Reich. Ils porteront un intérêt de 6 % l'an payable à la fin de chaque semestre à partir du 1ᵉʳ avril 1929. Le montant intégral des titres doit être remboursé le 31 mars 1948 au plus tard, les sommes les moins élevées étant remboursées en premier lieu. Les titres représentant certains suppléments accordés, conformément aux articles 5 et 7 de la loi, aux fins de reconstruction économique, ne porteront pas intérêt et ne seront pas amortis avant le 1ᵉʳ avril 1943. Au cours des débats parlementaires, on a évalué le total des créances, sans les intérêts, à 1.348 millions, dont 250 millions environ payables en espèces. Ainsi, le montant des titres qui doivent être émis atteindra vraisemblablement 1.100 millions environ.

Le tableau de la page suivante indique la dette publique du Reich à la fin de chacun des cinq derniers exercices budgétaires. Les chiffres sont tirés en partie du memorandum annuel du Ministre des Finances sur les emprunts publics, en partie de la revue « Wirtschaft und Statistik ». Le crédit temporaire de 75 millions, dont le Reich a disposé en mars 1928 et qui a été remboursé en avril 1928, n'est pas compris dans le relevé. Un crédit temporaire analogue de 200 millions avait été utilisé par le Reich pour une courte période en décembre 1927.

Outre ses obligations directes, le Reich, durant la période de cinq ans en question, a assumé un grand nombre de garanties pour venir en aide à la reconstruction commerciale, industrielle et agricole et pour combattre le chômage. Il n'a été publié aucune liste de ces garanties, mais, le 15 mars 1927, le Ministre des Affaires Économiques a déclaré au Reichstag qu'elles se montaient alors à 488 millions, dont 370 millions environ concernaient les crédits à l'industrie et les crédits pour favoriser le commerce extérieur, en particulier les échanges entre la Russie et l'Allemagne. Dans le budget supplémentaire de 1927-28 et dans le budget de 1928-29, des garanties additionnelles pour 233 millions environ sont autorisées.

Dette publique du Reich (en millions de reichsmarks)	31 mars 1924	31 mars 1925	31 mars 1926	31 mars 1927	31 mars 1928
OBLIGATIONS					
Dette de liquidation des emprunts :					
Obligations avec droits aux tirages	—	—	1.754[1]	4.743[2]	4.548[2]
Obligations sans droits aux tirages	—	—		700	700
Emprunt du Reich 1927	—	—	—	864	500
Total	—	—	1.754	5.807	5.748
BONS DU TRESOR					
Bons libellés en dollars	105	—	—	—	—
6% remboursables en 1935	210	22	10	19	19
6% remboursables en 1932	42	1	1	1	1
Bons «K»	8	1	1	1	1
Bons «E»	—	251	87	—	—
Bons libellés en reichsmarks	140	30	—	—	40
Total	590	305	108	21	61
EMPRUNTS AUX BANQUES					
à la Rentenbank	1.007	1.185	1.054	922	783
à la Reichsbank	235	227	218	208	190
Total	1.332	1.412	1.272	1.130	982
EMPRUNT EXTÉRIEUR					
Dollars	—	454	484	445[3]	423[3]
Livres sterling	—	433	435	420	420
Couronnes suédoises	—	20	28	27	27
Lires	—	17	16	16	21
Francs suisses	—	12	12	12	11
Total	—	946[4]	925	932	902
AUTRES DETTES DU REICH					
Autres obligations de payement	27	10	10	10	9
Garanties	448	105	52	51	42
Crédits pour l'agriculture	—	9	12	12	12
Emprunt à l'Administration des Postes	—	—	—	110	60
Total	475	133	83	183	123
Total général	2.406	2.796	4.142	8.078	7.816

1. Valeur nominale.
2. Valeur en capital, y compris la prime de remboursement.
3. Valeur de remboursement.
4. Différence provenant de l'arrondissement des chiffres.

Sur ce total, 175 millions sont relatifs à l'encouragement du commerce extérieur. Le Reich assume également, aux termes de la loi du 7 mars 1928, la garantie, à concurrence d'un maximum de 200 millions, des crédits accordés par la Deutsche Bau- und Bodenbank pour la construction de petites habitations. D'autres engagements présentant la nature de garanties sont pris par le Reich conjointement aux crédits votés en mars 1928 pour venir en aide à la colonisation agricole et pour favoriser la conversion des dettes de l'agriculture. Bien entendu, les divers risques garantis diffèrent dans une large mesure, et il n'est pas possible d'évaluer les pertes qui peuvent être encourues, le cas échéant. La seule indication s'y rapportant se trouve dans les sommes mises en réserve en vue de ces garanties qui atteignent 14 millions en 1927-28 et 12 millions en 1928-29.

B. DETTES PUBLIQUES DES ETATS ET DES COMMUNES.

En l'absence de tout relevé officiel concernant les dettes publiques des Etats et des communes, le dernier Rapport a donné une évaluation du montant de ces dettes contractées entre le 1er septembre 1924 et le 31 octobre 1927, évaluation établie par le Service Economique du Comité des Transferts. Le montant des dettes en question était estimé alors à 2.950 millions de reichsmarks. Pendant la période de cinq mois se terminant le 31 mars 1928, ce montant est estimé avoir augmenté de 250 millions environ, passant ainsi à 3.200 millions presque entièrement par suite des emprunts contractés par les communes. Sur ce total, 35% environ représentent les emprunts des Etats et 65% les emprunts des communes. Depuis le début du nouvel exercice financier, les Etats et les communes ont continué d'avoir recours à des emprunts sur le marché intérieur, et il y a eu certains emprunts communaux sur les marchés étrangers, ainsi que nous l'exposerons plus loin dans un autre chapitre.

En dehors des emprunts émis pour satisfaire leurs propres besoins, les Etats et les communes ont garanti les dettes d'entreprises publiques et d'entreprises mixtes auxquelles ils sont intéressés, pour un montant évalué à 500 millions environ, fin mars 1928.

On dispose de très peu de chiffres officiels relatifs à la dette flottante des Etats et des communes. Toutefois, les relevés officiels pour la Prusse indiquent que, le 31 mars 1928, il y avait en circulation pour 67 millions de reichsmarks de bons du Trésor prussien.

Sur la base d'informations que les villes d'une certaine importance ont fournies au Ministère des Finances du Reich en novembre 1927, par l'entremise de la Beratungsstelle, et dont les résultats n'ont pas encore été officiellement publiés, l'Association des villes allemandes (Städtetag) a récemment évalué le montant de la dette à court terme des communes, à la fin de 1927, à 700 millions de reichsmarks environ.

La revalorisation des dettes des Etats et des communes libellées en marks-papier n'est pas encore achevée et l'on ne dispose d'aucune donnée officielle. Les dettes d'avant-guerre des principaux Etats étaient constituées surtout par les dettes contractées pour leurs chemins de fer ; elles ont été plus tard assumées par le Reich lorsque celui-ci a repris les réseaux de chemins de fer. Les obligations des Etats en ce qui concerne leurs dettes revalorisées libellées en marks-papier doivent, par suite, être relativement peu élevées. Conformément à une publication non officielle de l'Association des villes allemandes, les dettes communales contractées avant le 1er juillet 1920 ont été revalorisées à 650 millions de reichsmarks environ, et les dettes communales contractées après le 1er juillet 1920, qui représentent une somme relativement peu élevée, sont en général remboursées en espèces à un taux variant de 5 % à 12¹/₂ % de la valeur or de la dette. L'Association estime qu'après le remboursement des dettes contractées ultérieurement au 1er juillet 1920, la charge annuelle, pour toutes les villes d'une population supérieure à 25.000 habitants, atteindra 26 millions environ, et qu'elle augmentera graduellement dans la suite pour s'élever jusqu'à 55 millions environ vers la fin de la période d'amortissement. Le montant nécessaire actuellement au service de la dette revalorisée est évalué à 10 % environ du montant nécessaire à l'origine.

VI. CRÉDIT ET MONNAIE EN ALLEMAGNE.

La grande activité qui s'est maintenue dans le commerce et l'industrie de l'Allemagne au cours de 1927, et qui a été décrite en détail dans le dernier Rapport, s'est poursuivie et même accélérée à certains égards pendant les premiers mois de 1928. Cette activité ne s'est pas confinée à quelques groupes particuliers d'industries, mais a été largement répartie, s'étendant aux diverses branches du commerce de gros et de détail. Tout dernièrement, c'est-à-dire en avril 1928, un recul modéré s'est fait sentir. Il est impossible d'en évaluer l'importance avant qu'on soit en mesure de comparer les chiffres d'avril à ceux des mois ultérieurs. Actuellement toutefois, et même en tenant compte de ce mouvement, le volume de marchandises circulant parmi les divers stades de la production et de la répartition semble largement aussi grand que l'année dernière, époque à laquelle l'activité économique était déjà intense et le volume des exportations allemandes est sensiblement plus élevé maintenant qu'il ne l'était alors.

Parallèlement à cette activité des affaires, les prix de revient de la production se sont élevés. Après les bas salaires pratiqués au lendemain de l'inflation, des rajustements étaient inévitables et il était raisonnable de supposer également que la main-d'œuvre recevrait sa part des économies résultant de la réorganisation industrielle à laquelle il a été procédé en 1925 et en 1926. Mais l'action du Gouvernement allemand à l'automne dernier, lorsqu'il a donné le signal des augmentations de salaires dans tous les services publics, a été suivie par des demandes de nouvelles augmentations de salaires dans l'industrie et le commerce. D'après les chiffres officiels, les salaires tarifaires moyens ont été relevés de 6 % environ, au cours des six derniers mois.

Les augmentations de salaires sont d'une valeur incontestable pour la communauté en général si elles s'effectuent pas à pas, parallèlement à des accroissements de production et n'ont pas pour conséquence une hausse des prix. Mais en Allemagne, l'année dernière surtout, les augmentations de salaires se sont rapidement traduites par un relèvement des prix et ont ainsi tendu à s'annuler elles-mêmes, tôt ou tard. On peut noter à cet égard que les prix qui se sont élevés sans arrêt et sur la plus large échelle sont les prix des articles manufacturés, et en particulier de ceux qui sont destinés directement à la consommation. Au cours des dernières semaines, le Syndicat du Charbon, avec, conformément à la procédure légale, l'approbation officielle, a relevé de 13 % le prix du charbon courant. Cette augmentation, qui doit entrer en vigueur seulement dans les régions où la concurrence ne s'exerce pas, a suivi immédiatement une augmentation de salaires dans les mines de charbon et de toute nécessité doit affecter substantiellement les coûts de production.

Une activité industrielle d'une telle ampleur et avec des prix en hausse, suppose elle-même un usage considérable du crédit. Quoique le crédit ait continué de se développer pendant les six derniers mois, le marché allemand est resté toutefois insuffisamment alimenté. Les appels de l'industrie privée au marché intérieur en 1928 sous forme d'émissions d'obligations et d'actions ont été, jusqu'à présent, légèrement inférieurs, même à la moyenne de l'année dernière ; l'activité de l'économie privée a eu plutôt pour effet une augmentation marquée du crédit bancaire et du volume des traites. Une pression spéciale sur les deux marchés à long et à court terme a été exercée par l'agriculture qui, à cause des mauvaises récoltes de ces deux dernières années et pour d'autres raisons, se trouve maintenant dans une situation singulièrement difficile. Les demandes de l'industrie, du commerce et de l'agriculture auraient peut-être suffi à elles seules à produire une tension sur le marché du crédit ; elles sont en outre entrées en concurrence comme précédemment avec des demandes d'autre origine, notamment celles des collectivités publiques.

Les opérations d'emprunt par les collectivités publiques ont été longuement discutées dans le dernier Rapport. Ayant leur origine dans une politique de dépenses publiques, elles ont largement contribué à l'expansion et plus tard à la tension du crédit ; elles n'ont pas été étrangères non plus à une certaine stimulation excessive de l'industrie. Le Gouvernement du Reich a maintenant assumé la responsabilité de limiter les emprunts que les collectivités publiques désirent placer à l'étranger et il a également pris énergiquement position en ce qui concerne les dépenses publiques en général. Jusqu'à présent, il a mieux réussi à fixer des bornes aux emprunts étrangers qu'à réaliser des économies sur les dépenses. Ce fait est dû en partie à la pression exercée par l'augmentation des traitements de fonctionnaires sur les budgets des États et des communes et sur les finances de la Compagnie des Chemins de fer et de l'Administration des Postes ; il se peut aussi qu'il soit dû en partie à ce que nombre de travaux publics déjà en cours d'exécution ne pouvaient être abandonnés sans qu'il en résultât des pertes. Quoiqu'il en soit, après que le Reich fût intervenu l'automne dernier pour mettre un terme aux emprunts étrangers des États et des communes, les collectivités publiques se sont retournées vers le marché intérieur. Au début de l'année, le marché allemand a montré une capacité restreinte d'absorption pour les nouvelles émissions, mais qui n'a pas suffi toutefois à faire face aux demandes qui lui ont été adressées, même aux conditions coûteuses auxquelles nombre de collectivités publiques étaient prêtes à souscrire. Des mesures de précaution ont sauvé ce marché de l'épuisement qui avait suivi l'émission de l'emprunt du Reich de 500 millions de reichsmarks en février 1927, mais sa capacité d'absorption s'est beaucoup rétrécie.

Une reprise des emprunts étrangers des communes s'est produite en mai conformément à un programme défini. En même temps que ces emprunts et parfois avant eux, des émissions considérables ont été faites au profit de l'agriculture et, dans une moindre mesure, au profit de l'industrie privée. Dans l'ensemble, le résultat a été de porter le total des emprunts étrangers placés jusqu'à présent, en 1928, bien au-dessus des chiffres correspondants de l'une quelconque des années antérieures. Le montant nominal des émissions allemandes offertes à l'étranger, depuis le début de 1925, est maintenant de 5.350 millions de reichsmarks environ, non compris l'Emprunt extérieur allemand de 1924, émis conformément au Plan des Experts.

Le montant de la dette à court terme à l'étranger était plus élevé à la fin de mai qu'au début de l'année, en conséquence des taux élevés d'intérêt sur le marché allemand, comparés à ceux des principaux pays prêteurs. Aux premiers jours de juin, à la suite d'un relèvement des taux de l'intérêt à l'étranger, surtout aux Etats-Unis, il s'est manifesté une certaine tendance à la sortie des capitaux à court terme. En même temps, le marché des changes qui, jusqu'à ce moment, avait été très favorable au reichsmark, a présenté certains indices d'un revirement. Un remboursement de la dette à court terme, dans une mesure et avec des délais raisonnables, constituera à la longue un avantage pour l'économie allemande ; et, à l'heure actuelle, le produit des émissions extraordinairement importantes placées à l'étranger en mai et au début de juin apporte une aide très favorable dans ce sens.

Le résumé ci-dessus du développement des affaires et de la situation du crédit en Allemagne amène à la conclusion que le moment actuel représente une phase avancée du processus d'expansion. Il est évident que si l'industrie allemande doit trouver un débouché, soit en Allemagne, soit à l'étranger pour sa vaste production actuelle, elle ne peut supporter une continuation de la hausse des prix ; un usage limité du crédit de la part des collectivités publiques, comme contribution à l'œuvre nécessaire de consolidation, donnerait au marché le temps de reprendre haleine afin de recouvrer une plus grande aptitude à satisfaire les besoins intérieurs essentiels.

Ayant ces considérations présentes à l'esprit, nous pouvons maintenant aborder l'analyse de ces différents facteurs.

A. EMPRUNTS EXTERIEURS.

Des capitaux étrangers ont afflué en Allemagne presque sans interruption depuis l'entrée en vigueur du Plan des Experts, non seulement parce que les taux d'intérêts les ont attirés, mais parce que les nations prêteuses ont tenu et tiennent encore en haute estime le crédit de l'Allemagne. L'afflux a pris différentes formes suivant les époques ; mais quelle qu'ait été sa forme, l'afflux de capitaux étrangers a exercé une influence prépondérante sur le développement économique de l'Allemagne. Les conséquences de cet afflux, qu'elles aient été favorables, ou non, ont été décrites tout au long dans les Rapports antérieurs ; il n'y a donc pas lieu de faire plus maintenant que de noter les événements des six derniers mois et d'en tirer certaines conclusions.

1. Politique du Gouvernement en matière d'emprunts extérieurs.

Parmi ces événements, le principal a été une attitude plus nette du Gouvernement à l'égard des emprunts contractés par les collectivités publiques à l'étranger. On se souviendra, d'après le dernier Rapport, que les emprunts étrangers des États et des communes prêtaient à la critique sur nombre de points : leur volume important, qui agissait de façon défavorable sur la gestion économique des collectivités publiques ; leur fréquence, qui amenait souvent des capitaux étrangers sur le marché allemand plus vite qu'ils ne pouvaient être utilement absorbés, et encourageait ainsi la spéculation en risquant de produire une expansion malsaine du commerce et des prix ; et, particulièrement en ce qui concerne les emprunts d'États, leur relation avec les engagements antérieurs de l'Allemagne au titre des réparations. Ces questions ont été discutées peu de temps avant la préparation du dernier Rapport, au cours d'un échange de notes entre l'Agent Général et le Ministre des Finances du Reich, mais au moment de la publication de ce Rapport, le Reich n'avait pas encore révélé de ligne de conduite bien précise.

La situation à cette date pouvait se résumer brièvement comme suit : on avait cessé d'examiner les demandes d'emprunts présentées par les États et les communes, parce que la « Beratungsstelle », qui a la charge de ces questions, avait suspendu ses séances dans l'attente d'une politique et d'un programme définis. En dépit des emprunts élevés, qui avaient eu lieu en septembre et en octobre, les demandes d'emprunts en instance étaient très nombreuses, d'autres demandes complémentaires étaient envisagées et l'on savait que la dette à court terme des États et des communes était élevée. Afin de connaître l'étendue de ce problème financier urgent, une vaste enquête avait été commencée, et l'on s'efforçait de formuler une politique qui, d'une part, aurait le concours des États et des communes et, d'autre part, satisferait les exigences du Reich.

Les difficultés qui s'opposaient à l'adoption d'une politique avaient été exposées par le Ministre des Finances du Reich dans son memorandum par lequel il répondait à l'Agent Général, en date du 5 novembre 1927 :

« Même sans tenir compte des obstacles d'ordre constitutionnel, un contrôle direct des finances des États et des communes, en vue de vérifier leur situation financière générale, rencontre des difficultés qui proviennent de la multiplicité des administrations publiques intéressées et de la complexité des facteurs économiques, politiques et culturels dont il faut tenir compte. Le Gouvernement du Reich reconnaît qu'il est de son devoir de donner sans retard à ce problème difficile une solution satisfaisante qui tienne compte des besoins d'une reconstruction économique bien comprise et des intérêts de l'ensemble de l'Allemagne. »

La mesure dans laquelle le Gouvernement du Reich a réussi depuis cette époque à donner « sans retard à ce problème difficile une solution satisfaisante » ressort de divers exposés officiels du Ministre des Finances. Parlant au Reichstag, le 28 mars 1928, le Ministre des Finances a prononcé, entre autres, les paroles suivantes :

« Dans le domaine de l'économie publique — comme dans celui de l'économie privée — notre principe suprême doit être d'employer nos ressources avec le plus grand ménagement et dans un esprit d'économie. Les réformes de l'administration allemande actuellement en cours dans le Reich aussi bien que dans les États et les communes ont cet objet en vue. »

« Des dépenses qui donneraient l'impression que nous négligeons d'observer le principe d'économie et de productivité ne doivent pas être effectuées. Pour cette raison, il faut également nous montrer réservés en ce qui concerne les emprunts des collectivités publiques. Nous compromettrions notre politique économique, financière et monétaire, si les collectivités publiques contractaient trop de nouveaux emprunts, et nous porterions en même temps préjudice à notre politique de réparations. Des emprunts étrangers du Reich et des États ne semblent pas opportuns à l'heure actuelle. »

« Il est impossible de laisser à l'initiative des individus, des communes ou des collectivités publiques la faculté de décider de la procédure à adopter. Nous devons nous souvenir et tenir toujours présent à l'esprit du public en Allemagne que c'est le Gouvernement du Reich seul qui supporte en dernier lieu la responsabilité des mesures financières des collectivités publiques de l'Allemagne. »

« On doit constater que les États ont reconnu avec clairvoyance les nécessités auxquelles le Gouvernement du Reich doit faire face. Dans les autres administrations également, on comprend la situation actuelle et ses exigences. Les communes ont veillé de plus en plus à restreindre leurs besoins. »

Le Ministre des Finances a complété ces observations dans une esquisse de politique financière qu'il a donnée dans un discours prononcé à Bade le 6 mai 1928.

« Une politique rationnelle de dépenses de la part des collectivités publiques, rigoureusement conforme aux principes d'économie et de productivité, constitue une partie essentielle de la réforme administrative que réclame impérieusement l'ensemble de l'opinion publique allemande. Cette politique est également indispensable si nous voulons montrer au delà des frontières de l'Allemagne que nous avons conscience de la gravité de la tâche que nous imposent nos engagements résultant de la guerre et notre volonté de maintenir le crédit de l'Allemagne. Il convient donc de continuer dans la voie de la plus stricte économie où nous nous sommes engagés jusqu'ici avec succès; il faut en même temps fournir des éclaircissements sur la gestion financière des collectivités publiques en établissant des statistiques mises à jour et en assurant leur publication. En outre, l'étendue de notre dette extérieure nous impose la prudence, étant donné que nos efforts en vue d'améliorer notre balance commerciale et notre balance des payements ne réalisent que des progrès assez lents, et que la question des réparations, en tant que les moyens qui ont rendu possible jusqu'ici l'exécution du Plan des Experts ont pris corps, ne peut être considérée comme résolue de façon permanente.

« Ces questions échappent à la compétence des divers éléments individuels qui, en Allemagne, sont intéressés aux emprunts. En conséquence, à mesure que nous approchons de l'époque à laquelle les grandes questions seront mûres pour une décision, il devient d'autant plus impérieux pour le Gouvernement du Reich de fixer, de sa propre initiative, la politique qui doit être suivie dans les appels faits au capital étranger par les collectivités publiques.

« Les emprunts extérieurs du Reich et des États, ainsi que les emprunts extérieurs garantis par le Reich et les États, continuent de paraître peu opportuns. Le Reich et les États eux-mêmes doivent se montrer extrêmement stricts en ce qui concerne l'observation des directives établies pour les collectivités publiques. »

Il faut interpréter les déclarations ci-dessus relatives à la ligne de conduite à suivre dans ce sens que le Gouvernement du Reich a maintenant pris la direction et la responsabilité et, qu'en vue de ramener l'ordre dans les finances, il considère qu'une stricte économie est essentielle de la part des collectivités publiques, que, pour le présent tout au moins, il s'oppose aux emprunts étrangers du Reich et des États ainsi qu'aux emprunts étrangers garantis par eux, et que les emprunts étrangers contractés par les communes seront strictement limités dans leur nombre et dans leur montant.

Pendant qu'il formulait cette politique, le Gouvernement poursuivait délibérément les travaux pratiques en vue d'établir les besoins d'emprunt des communes. Les résultats des demandes adressées aux communes à la fin de novembre n'ont pas été publiés avant janvier. Il est apparu à ce moment que la dette à court terme non encore remboursée des cinquante-six villes ayant répondu au questionnaire s'élevait à 525 millions et était presque exclusivement libellée en reichsmarks. Ce total, qui ne tenait pas compte d'emprunts temporaires évidemment remboursables sur les recettes, s'appliquait à presque toutes les villes allemandes d'une population de 80.000 âmes ou davantage, à l'exception des trois villes de Hambourg, Brême et Lubeck, qui ont rang d'États. L'association des municipalités allemandes faisait, vers la même époque, une enquête un peu plus vaste et estimait que le total de la dette à court terme des grandes et petites communes s'élevait à 700 millions environ.

La Beratungsstelle qui restait l'organe chargé d'exécuter la politique relative aux emprunts extérieurs ne s'est pas immédiatement occupée des demandes d'emprunts ; elle a ajourné ses séances régulières jusqu'au milieu de mars. Dans l'intervalle, maintes communes peu disposées à attendre l'action de la Beratungsstelle ou incertaines d'un résultat favorable lorsqu'elle se prononcerait, se sont adressées au marché allemand qui montrait de nouveau depuis le début de l'année une certaine capacité d'absorption encore limitée, à l'égard des offres des collectivités publiques. Au cours des quatre premiers mois de 1928, les communes ont emprunté sur le marché intérieur, directement ou par l'entremise d'établissements de crédit, un total de 365 millions de reichsmarks, valeur nominale. Le risque de surcharger le marché était si grand que le Ministre des Finances, à la date du 16 avril, a notifié aux Gouvernements des États que la Beratungsstelle, dans la répartition du produit à obtenir au moyen d'emprunts étrangers, « tiendrait nécessairement compte de la proportion des sommes qui avaient été antérieurement demandées au marché allemand ». Le Ministre des Finances dit que c'étaient précisément les communes qui s'étaient adressées au marché allemand qui proposaient de faire un nouvel appel à l'étranger, et que cette action simultanée indiquait dans une certaine mesure « un défaut du sens indispensable de l'économie », et affaiblirait inévitablement le crédit des emprunteurs. Il ajoutait :

« Pour les États eux-mêmes, l'attitude des communes implique un danger qu'il convient d'estimer à sa juste valeur. Étant donné l'état actuel de la question des réparations, le marché des capitaux étrangers peut être considéré comme fermé au Reich et aux États. C'est précisément pour cette raison qu'il serait opportun que le marché intérieur, dans la mesure où il peut accueillir dans l'ensemble les émissions de capitaux, fût réservé pour les besoins du Reich (y compris l'Administration des Postes et la Compagnie des Chemins de fer) et ceux des États ; au lieu de cela la capacité du marché allemand dans les circonstances présentes semble devoir être complètement bouleversée par le volume et la forme des emprunts communaux. »

Le fait que certaines communes n'ont pas su rajuster leur politique de dépenses a été rendu encore plus clair par l'initiative de plusieurs villes qui ont trouvé accès sur les marchés étrangers, sans avoir obtenu au préalable l'assentiment de la Beratungsstelle. Des montants assez élevés de bons du Trésor communaux ont été vendus à des banquiers allemands, qui les ont revendus à l'étranger où des certificats émis en échange ont été offerts en souscription publique. Au total, les montants ainsi obtenus étaient relativement peu considérables, mais l'escompte élevé qu'on demandait marquait assez nettement les méthodes détournées auxquelles on avait eu recours.

Vers le début de mai, la Beratungsstelle avait poussé assez loin son étude des demandes d'emprunts pour qu'il lui fût possible d'annoncer la mise en application d'un programme. Le 9 mai, elle a fait connaître qu'elle approuvait officiellement un emprunt communal collectif d'un montant de 17,5 millions de dollars environ à répartir entre les villes allemandes moyennes et petites suivant un barème adopté par elle. Elle a approuvé en même temps l'émission à brève échéance d'emprunts individuels pour deux grandes villes, sous réserve de fixer ultérieurement le montant à émettre. Ces emprunts ont été les premiers emprunts communaux approuvés depuis huit mois par la Beratungsstelle et ils semblent représenter le programme actuel. Quant à l'avenir, la Beratungsstelle envisage apparemment l'émission, à l'automne, d'une seconde tranche de l'emprunt collectif ainsi que de quelques emprunts individuels de grandes villes allemandes, mais le programme précis reste à établir.

Parlant des programmes présents et futurs, le Ministre des Finances a dit dans son discours de Bade :

« Le programme qui doit être exécuté pour l'instant ne satisfait, il est vrai, qu'aux besoins les plus urgents des communes. Néanmoins, il devra s'appliquer encore pour une assez longue période ; c'est seulement à l'expiration de cette période et après un examen attentif de l'ensemble de la situation qu'il sera possible d'aborder la question de savoir si et quand on pourra de nouveau recommander un nouvel appel au capital étranger pour les besoins des communes. La Beratungsstelle veillera, notamment après la liquidation de son programme actuel, à ce que ses efforts et les résultats des principes observés par elle ne soient pas anéantis par des mesures de nature exceptionnelle, en particulier par la conclusion d'emprunts extérieurs à court terme. »

L'exposé de la politique du Gouvernement et son exécution dans la pratique par la Beratungsstelle indiquent un progrès marqué vers la solution d'une question délicate. Le succès final ne dépend toutefois pas de restrictions qui restent nécessairement artificielles, mais des dépenses des diverses collectivités publiques. A défaut d'une réduction des dépenses, le contrôle des emprunts étrangers s'attaque à l'un des symptômes et laisse la cause intacte. Continuer de dépenser, c'est au fond continuer de recourir au crédit, et les emprunts défendus à l'étranger sont simplement détournés sur le marché allemand ou, par des voies indirectes, vers le marché étranger.

2. Volume des emprunts extérieurs.

En attendant que la politique esquissée ci-dessus fût formulée, les émissions d'emprunts étrangers des Etats et des communes allemandes s'étaient presque entièrement arrêtées. Cette interruption a duré de la fin d'octobre 1927 jusqu'à une date avancée de mai 1928, époque à laquelle la « Beratungsstelle » a libéré 165 millions environ de nouveaux emprunts communaux, soit un peu plus que le total des emprunts communaux émis en 1927. Les Etats n'ont contracté aucun emprunt extérieur à long terme pour leur propre compte, mais des prêts à d'autres emprunteurs ont donné jusqu'à présent pour 1928 un total très supérieur à la moyenne de 1927. D'une façon générale, la pression exercée sur les Etats pendant toute la période envisagée et sur les communes pendant une partie de cette période semble s'être traduite par un mouvement inverse dans d'autres directions.

Il convient de noter que l'augmentation relativement la plus élevée par rapport à la moyenne de 1927 s'est produite dans les emprunts extérieurs des entreprises publiques et mixtes, en particulier de celles dépendant des provinces (subdivisions des Etats) et des communes. Bien que le crédit public ait été plus ou moins directement impliqué dans ces emprunts, on ne les a pas soumis à l'examen de la Beratungsstelle. En partie ces emprunts sont garantis par des provinces ou des communes et, dans tous les cas, représentent des obligations d'entreprises, banques incluses, sur lesquelles les collectivités publiques exercent un contrôle et où elles assument des responsabilités. Pendant les cinq premiers mois de 1928, les emprunts extérieurs de ces entreprises dépendant des États, des provinces et des communes ont atteint 282 millions de reichsmarks, soit un total légèrement supérieur à celui de ces émissions pendant toute l'année 1927. Ces émissions ont, en règle générale, eu pour but de fournir des capitaux à des usines électriques et hydrauliques, des prêts à l'agriculture ou la construction de maisons d'habitation.

L'industrie allemande a contracté directement peu d'emprunts à l'étranger jusqu'à une date très récente. La plupart des émissions étrangères des entreprises privées pendant les premiers mois de l'année ont été des obligations de banques hypothécaires dont les opérations consistent en des prêts sur des immeubles agricoles ou urbains. Dans nombre de cas, ce furent des émissions peu importantes, libellées en marks-or et placées en Hollande. Le nombre croissant des emprunts extérieurs de ce type a été l'un des nouveaux phénomènes de l'année reflétant à la fois les besoins de crédits de l'agriculture allemande et une plus grande disposition de la part des prêteurs étrangers à acheter des valeurs mobilières libellées en marks.

Emprunts extérieurs (en millions de reichsmarks)	1925	1926	1927	Du 1er janvier au 31 mai 1928	Total
Emprunts des États.............	188,6	270,6	267,8	—	676,5
Emprunts provinciaux et municipaux	256,0	249,5	112,5	167,8	785,8
Emprunts d'entreprises publiques et d'entreprises mixtes :					
a) du Reich...................	161,7	25,2	336,0	126,0	648,9
b) des États, des provinces et des communes	202,8	351,5	203,7	281,6	1.041,6
Emprunts d'entreprises privées	472,0	742,0	597,3	280,4	2.001,7
Emprunts de diverses organisations religieuses	25,1	57,6	4,1	23,1	109,9
Total....	1.256,2	1.696,4	1.522,0	878,9	5.854,4

Le total des emprunts extérieurs qui figure au tableau précédent, soit 5.350 millions de reichsmarks, ne tient pas compte de l'Emprunt extérieur allemand de 1924, émis en vertu du Plan des Experts, pour un montant nominal de 960 millions de marks-or, dont le service est compris dans les annuités de réparations. Il ne tient pas davantage compte d'un montant substantiel, mais que l'on ne peut déterminer, d'achats, par des étrangers, de valeurs offertes sur le marché intérieur. D'autre part, l'amortissement et le remboursement ont déjà réduit la dette en capital résultant des emprunts extérieurs pour un montant évalué à 500 millions, et cette dette a été encore réduite dans une certaine mesure par des rachats pour compte allemand.

Le total de la dette extérieure à court terme n'est peut-être guère inférieur en volume, et, en tous cas, cette dette est d'une importance certainement plus grande à cause de l'influence qu'elle est susceptible d'exercer sur la situation des affaires en Allemagne. Cette dette a été contractée sous forme de dépôts dans les banques allemandes, de prêts aux courtiers, de crédits bancaires aux États et aux communes, de crédits industriels et commerciaux, etc. L'évaluation autorisée la plus récente du volume de cette dette est celle que le Ministre de l'Économie publique a faite devant la Commission du budget du Reichstag en octobre dernier, lorsqu'il l'a estimée au total à 3.600 millions, sans déduction toutefois des crédits à court terme dus à l'Allemagne par l'étranger. D'après certains indices, qu'il n'est pas possible de contrôler, ce total n'a pas diminué dans l'intervalle, mais a, au contraire, augmenté. Les dépôts étrangers dans les banques allemandes semblent être en tous cas aussi élevés qu'alors et sont même probablement plus élevés. Une plus grande tendance semble également se manifester en Allemagne à effectuer des opérations commerciales à l'aide de crédits étrangers ; ceci ne s'applique pas seulement au commerce extérieur où des crédits d'acceptation de trois à six mois sont consentis à des conditions favorables de renouvellement, mais aussi au commerce intérieur de l'Allemagne.

Sans renseignements précis, on peut facilement sous-estimer le volume de la dette à court terme, de même qu'il serait aisé de l'exagérer en période critique. Au cours de ces derniers mois, les principales banques allemandes ont accepté de communiquer quatre fois par an le montant des dépôts qu'elles détiennent pour compte étranger, mais le Ministre de l'Économie publique n'a pas, jusqu'à présent, donné son assentiment à la publication de ces informations, même sous forme de chiffres globaux. Bien que les chiffres, s'ils étaient publiés, dussent nécessairement ne pas tenir compte de maints éléments importants de la dette extérieure à court terme, ils fourniraient une indication précieuse de la tendance à l'augmentation ou à la diminution d'une forme d'endettement qui a une répercussion importante sur l'ensemble de l'économie allemande. La publicité aurait dans ce cas le mérite de constituer une forme automatique de « self-control », qui tendrait à empêcher les emprunts à court terme d'atteindre des dimensions telles qu'ils échapperaient à toute direction.

3. Marché des changes.

Pendant les six derniers mois, l'afflux des capitaux étrangers a largement déterminé la situation du reichsmark sur le marché des changes. D'autres facteurs à l'intérieur et à l'extérieur de l'Allemagne ont nécessairement agi aussi ; ce sont, par exemple, l'imminence de la restitution des biens allemands aux États-Unis et la réduction du déficit de la balance du commerce extérieur de l'Allemagne par rapport aux six mois précédents ; mais ces influences, selon toute apparence, ont été relativement peu importantes.

Pendant la plus grande partie des cinq derniers mois, le reichsmark est resté l'une des monnaies les plus solides du monde entier. Depuis le 1er janvier jusqu'à la fin de mai, la valeur du reichsmark par rapport à la livre sterling et au dollar s'est constamment appréciée et à la fin de cette période le cours du reichsmark par rapport au dollar était très peu éloigné du point auquel l'or se déverserait d'un mouvement naturel des États-Unis vers l'Allemagne. Dans les premiers jours de juin, toutefois, sous l'influence de l'attraction exercée par des taux d'intérêts plus élevés en Amérique, le cours s'est assez irrégulièrement rapproché du pair.

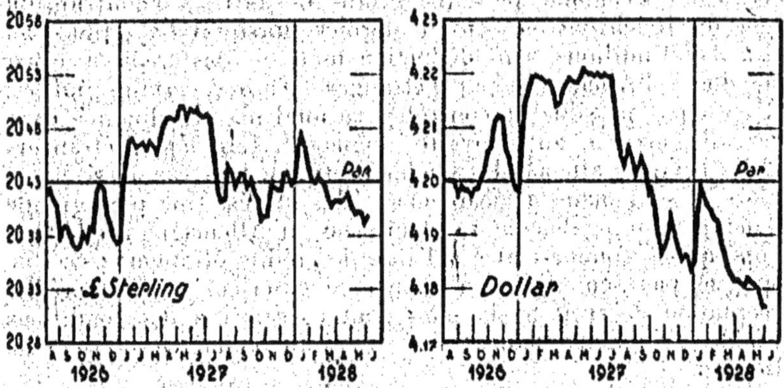

Cours des changes à Berlin.
(cours moyen en reichsmarks des transferts télégraphiques)

Depuis le mois d'août 1926, date à laquelle la Reichsbank a libéré le reichsmark de sa liaison technique avec le dollar, la cote du dollar a varié également dans le sens de la hausse et dans le sens de la baisse par rapport au taux de 4,20 reichsmarks pour un dollar, auquel il était antérieurement maintenu. Mais depuis le milieu de l'été 1927, la tendance du dollar a été vers la baisse. Cette régression n'a pas été limitée au dollar par rapport au reichsmark, mais s'est étendue au cours du dollar par rapport à beaucoup d'autres monnaies. En général, il convient de considérer cette baisse comme une répercussion du courant des crédits en provenance des États-Unis vers les pays étrangers, y compris l'Allemagne, courant qui a été facilité par le niveau peu élevé du taux de l'intérêt sur le marché américain.

La légère prime du reichsmark sur la livre sterling est due à la même cause générale, c'est-à-dire à l'afflux de capitaux en Allemagne, mais dans ce cas, un facteur spécial a fait également sentir son influence. A cause de la relation étroite entre la livre sterling et le franc français qui a été maintenue pendant plus d'un an, la courbe du cours de la livre sterling par rapport au reichsmark, sur le graphique ci-dessus, a été en substance identique à celle du cours du franc par rapport au reichsmark pendant la même période. Il y a eu également, en particulier depuis le début de 1928, un courant important de capitaux de France vers l'Allemagne. Ces capitaux étaient pour la plupart des dollars et des livres sterling qui provenaient des montants considérables de devises étrangères prêtés par la Banque de France au marché français et empruntés sur ce marché pour être reprêtés ensuite en Allemagne. Un léger courant contraire de capitaux allemands vers la France, en vue de placements à long terme ou de spéculation sur le marché français, n'a pas suffi à contrebalancer les effets de ces afflux vers l'Allemagne sur le change du reichsmark et du franc — et indirectement sur le change du reichsmark et de la livre sterling.

4. Considérations générales sur les emprunts extérieurs.

Il y a, entre autres, deux choses à observer au sujet de la dette élevée contractée par l'Allemagne à l'étranger : en premier lieu, que les emprunts extérieurs, en raison de leur fréquence et de leur importance, ont tendu à encourager l'essor économique, en second lieu, que la formation générale de capitaux en Allemagne s'est développée dans une plus large mesure que l'accumulation de la dette extérieure.

Le premier de ces deux points a été exposé tout au long dans le dernier Rapport. On a observé à ce moment que les emprunts extérieurs avaient joué un rôle essentiel dans le développement du crédit, rôle qui a trouvé son expression dans la spéculation sur le marché des valeurs, dans l'augmentation du déficit de la balance commerciale et dans une vive accélération de la production industrielle à des prix en hausse. La situation ainsi décrite s'est modifiée à divers points de vue. Sans anticiper sur ce qui ressortira d'une façon plus détaillée des autres chapitres de ce Rapport, on peut dire ici que les marchés allemands des valeurs sont restés dans l'ensemble inactifs pendant de nombreux mois, que récemment le déficit de la balance commerciale a manifesté une tendance à décroître et que la production industrielle, tout en demeurant abondante, a quelque peu tendu récemment à décroître. En même temps, le prix de revient de la production industrielle n'a manifesté aucune tendance à la baisse, au contraire, il s'est élevé et il y a eu une nouvelle hausse du niveau général des prix des marchandises.

L'étendue de la formation des capitaux en Allemagne donne nécessairement lieu à des estimations et à des déductions, mais les chiffres qui ont été tirés de sources allemandes indiquent que les nouvelles valeurs accumulées sont sensiblement plus importantes que les nouvelles dettes contractées vis-à-vis de l'étranger. Ainsi que le montreront les chiffres cités ci-après dans une autre section du présent chapitre, la majeure partie de cet accroissement de capital a pris la forme d'immobilisations qui ne sont pas liquides et une certaine proportion indéterminée de l'accroissement dont il s'agit, comme par exemple quelques-unes des constructions nouvelles effectuées par les collectivités publiques, n'est pas productive au sens financier du mot. Néanmoins, il est remarquable que, même après les exportations de capitaux représentées par les payements de réparations, l'augmentation des actifs en Allemagne dépasse de beaucoup le total des dettes contractées à l'étranger.

On peut espérer que les ressources de crédits à l'intérieur du pays, qui proviennent des nouveaux actifs productifs créés en Allemagne, seront finalement assez abondantes pour subvenir aux besoins allemands de crédit. Mais plus les dépenses des collectivités publiques sont fortes, et plus le prélèvement sur l'épargne de la nation est lourd, plus l'époque où l'Allemagne sera entièrement en état de financer ses propres besoins s'en trouve retardée. Dans les conditions actuelles, les ressources de crédit à l'intérieur du pays demeurent insuffisantes pour satisfaire aux nécessités de l'économie en général sans avoir recours aux emprunts extérieurs. A supposer que l'activité économique de l'Allemagne ne subisse pas à l'avenir de recul marqué par rapport au niveau actuel, les crédits étrangers semblent devoir être toujours indispensables pour une partie importante quoique peut-être de moins en moins forte de l'ensemble des crédits.

Afin que ces crédits étrangers essentiels continuent d'affluer, il est nécessaire de maintenir intégralement la confiance des prêteurs étrangers. Cela implique, de la part des emprunteurs allemands, l'obligation de ne pas surcharger le marché extérieur. Cela soulève également la question de savoir de quelle façon le prêteur étranger appréciera les obligations de réparations de l'Allemagne sous leur forme actuelle. A mesure que la dette extérieure de l'Allemagne s'accroît, le prêteur étranger est forcé de demander avec une insistence de plus en plus grande une détermination précise du montant définitif des obligations de réparations. Si cette question n'est pas résolue en temps voulu, on peut admettre que les prêteurs dans le monde entier seront moins disposés à prêter leurs économies à l'Allemagne ou ne seront prêts à le faire qu'à un taux assez élevé pour être garantis contre les risques inhérents à cette opération. Dans ce sens, même s'il n'y avait pas à cela d'autres raisons, la fixation définitive des obligations de réparations de l'Allemagne devient une question d'une importance pratique croissante.

B. CRÉDIT EN ALLEMAGNE.

Les demandes de crédit n'ont pas encore diminué sous la pression du taux élevé de l'intérêt ; au contraire, les crédits des banques ont continué de se développer et les demandes d'emprunts à long terme, même aux conditions défavorables souvent posées, ont dépassé dans l'ensemble le volume des capitaux prêts à s'employer. Cette tension a coïncidé avec une période d'activité économique considérable, mais l'activité en question n'en fournit pas une explication suffisante. Les collectivités publiques, qui étaient autrefois, vis-à-vis du marché, de grands prêteurs, sont devenues de grands emprunteurs ; leurs demandes de crédits ont presque démuni de capitaux le marché à long terme. En outre, la situation de l'agriculture, au point de vue des crédits, est devenue critique ; il en est résulté que de nombreux emprunts agricoles à court terme se sont « figés » et que les emprunts agricoles à long terme ont atteint un chiffre supérieur à celui que peut absorber le marché.

1. Crédit de la Reichsbank.

La Reichsbank a maintenu sans changement le taux de son escompte depuis le 4 octobre 1927, date où elle l'a porté à 7 %. Ce taux s'est révélé suffisant pour maintenir la Reichsbank en contact avec le marché et pour limiter le recours injustifié aux crédits de la Reichsbank, mais ce taux n'a exercé jusqu'à présent aucune influence décisive sur le volume du crédit en général.

Comme dans de précédentes occasions, la Reichsbank, lorsque le taux de son escompte était élevé, s'est vue placée en face de la concurrence des banquiers étrangers, qui, en pareil cas, prêtaient habituellement des capitaux à un taux inférieur au taux de l'escompte. Un taux élevé de l'escompte de la Reichsbank semble donc coïncider avec un afflux de capitaux étrangers sur le marché allemand et cet afflux peut, à son tour, avoir pour conséquence un abaissement du niveau général du taux de l'intérêt en Allemagne. Ce phénomène s'est produit, en réalité, pendant l'année 1926, année de dépression économique qui a marqué également le début de la reprise des affaires. A ce moment, le taux de l'intérêt a diminué et, malgré l'abaissement répété du taux de l'escompte de la Reichsbank, ce taux est resté sans aucun contact avec le marché. Un phénomène différent s'est produit pendant les six derniers mois, période d'activité économique intense: l'afflux des capitaux a été très sensible, mais le taux de l'intérêt a peu changé et le taux de l'escompte de la Reichsbank a été sans doute en contact plus étroit avec le marché que pendant aucune autre période d'égale durée depuis la stabilisation.

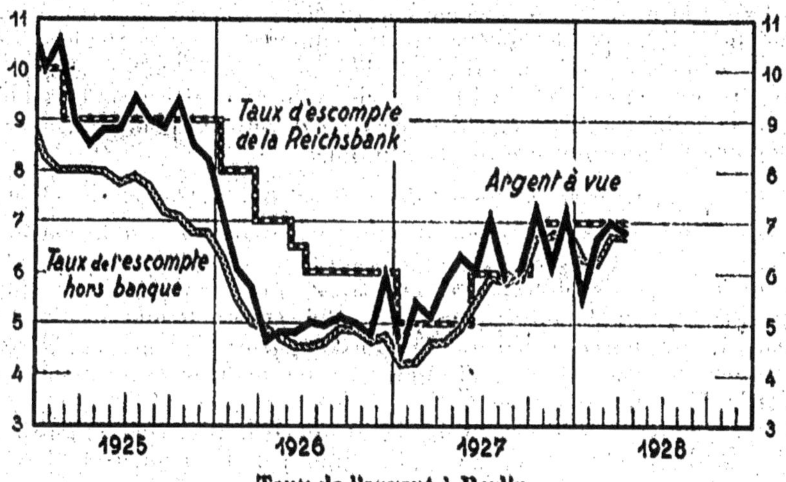

Taux de l'argent à Berlin.

La même opposition existe entre le volume des crédits de la Reichsbank en 1926 et son volume actuel. Il y a deux ans, sous la pression du taux élevé de l'intérêt et d'un afflux considérable de capitaux étrangers, le portefeuille de traites et chèques de la Reichsbank, ainsi que ses prêts sur garanties ont rapidement diminué, atteignant un minimum d'environ 1.100 millions de reichsmarks. Au cours des six derniers mois, pendant lesquels la situation du taux de l'escompte et l'afflux des capitaux étrangers ont présenté un caractère analogue, le volume des crédits à court terme de la Reichsbank, à part une brusque augmentation saisonnière à la fin de 1927, a oscillé entre 2.000 millions et 2.800 millions de reichsmarks et aucune tendance marquée à la hausse ou à la baisse ne s'est manifestée.

La Reichsbank a poursuivi une politique très nette en accumulant à nouveau l'or et les devises qu'elle avait perdues pendant la première moitié de 1927. Le 31 mai 1927, ses réserves étaient d'environ 1.000 millions, soit de près de 450 millions inférieures à ce qu'elles étaient au début de l'année. Le 31 mai 1928, les réserves atteignant au total 2.300 millions environ, cette perte n'avait pas encore été entièrement compensée. La Reichsbank continue toujours d'observer la plus grande réserve pour l'achat de devises étrangères, même au taux peu élevé qui a été récemment en vigueur, mais au cours de ces derniers mois, elle a pris l'habitude de convertir en or ses avoirs en devises étrangères chaque fois que l'or était offert à des conditions favorables. En conséquence, son encaisse or atteint maintenant 2.050 millions environ, soit 225 millions de plus qu'il y a un an. La plus grande partie de cet or a été acquise au cours des six derniers mois; elle provient principalement d'importations d'or en provenance de Russie et des États-Unis. L'augmentation de l'encaisse or est une mesure prise en vue de supprimer un peu plus tard en Allemagne le « gold exchange standard » et de le remplacer par l'étalon or pur et simple.

La Reichsbank n'a pas encore l'obligation légale de racheter ses billets contre de l'or ou même contre des devises étrangères, bien qu'elle soit disposée, comme elle l'a annoncé, à se conformer en tout temps à ce système s'il s'agit de sommes importantes. Dès que la situation monétaire de l'Europe le permettra, il est souhaitable que la Reichsbank prenne des mesures définitives pour mettre en vigueur l'obligation inscrite dans la loi.

2. *Gestion des fonds des collectivités publiques.*

La Reichsbank a sensiblement étendu son contrôle sur la gestion des fonds des collectivités publiques et des organismes présentant un caractère quasi-public, assumant ainsi plus complètement que jusqu'à présent le rôle prévu par la loi. On a examiné en détail, dans les Rapports précédents, l'importance pour l'ensemble de l'économie allemande d'une politique consistante dans la gestion des fonds des collectivités publiques, ainsi que les perturbations qui se produisent dans la situation du crédit quand la politique de gestion des fonds de ces collectivités est dirigée par des principes individuels ou contradictoires. La réduction du montant des fonds des collectivités publiques a été, naturellement, un facteur important de la situation nouvelle.

En janvier, la Reichsbank et la Compagnie des Chemins de fer allemands ont conclu un nouvel accord pour la gestion des fonds des chemins de fer, en remplacement de l'arrangement provisoire qui expirait le 31 décembre 1927. Le nouvel accord marque un progrès sur le précédent, lequel, à son tour, avait déjà amélioré les méthodes suivies jusqu'alors. On se rappellera que la Compagnie des Chemins de fer allemands a longtemps maintenu en fait, comme département financer de la Compagnie elle-même, une banque appelée Verkehrskreditbank dont elle possède les trois quarts du capital. L'arrangement provisoire, qui a désormais pris fin, laissait à la Verkehrskreditbank la gestion des espèces que possède la Compagnie des Chemins de fer et les fonds nécessaires pour des crédits de frais de transports ; il prévoyait que le reliquat, à savoir les capitaux qui ne sont pas nécessaires à bref délai, formerait un dépôt productif d'intérêts à la Golddiskontbank, établissement appartenant à la Reichsbank et administré par elle.

Le nouvel accord entre la Reichsbank et la Compagnie des Chemins de fer limite à un maximum déterminé le montant des fonds des chemins de fer dont la Verkehrskreditbank peut disposer pour ses opérations de crédit de frais de transport ; ces fonds sont gérés, en grande partie, par l'intermédiaire de banques comme précédemment. Les chemins de fer continuent également à se servir de la Verkehrskreditbank pour des dépenses variées se rapportant à leurs opérations courantes. Les autres fonds de la Compagnie doivent être déposés à la Reichsbank au compte de la Verkehrskreditbank et les mouvements sur ces fonds sont effectués au moyen du système de virements de la Reichsbank. Les investissements de fonds au compte de la Verkehrskreditbank à la Reichsbank ont lieu seulement de commun accord entre les deux établissements. Ces fonds sont placés principalement sous forme de traites achetées sur le marché de l'escompte hors banque ou de dépôts portant intérêt à la Golddiskontbank. La valeur de cet arrangement, au point de vue de la situation financière de l'Allemagne, ne réside pas seulement en ce qu'il tend à assurer un système coordonné de placements, mais dans le fait qu'en prévoyant le recours au système de virements de la Reichsbank pour transférer les fonds, il économise l'usage de la monnaie et l'appel au crédit.

La participation de la Golddiskontbank à ces opérations doit être regardée comme provisoire, la Golddiskontbank elle-même étant une création temporaire. Le Rapport de la Reichsbank pour 1927 dit qu'il faut s'attendre « à ce que la Golddiskontbank cesse dans un temps prochain de participer à la gestion des fonds des collectivités publiques » et il ajoute que « les efforts de la Reichsbank en vue de gérer ces fonds pour le compte des intéressés ont maintenant obtenu l'appui de la plupart des administrations en question ».

Mais, en même temps, les 250 millions de reichsmarks environ de valeurs de la Golddiskontbank, pour la plus grande partie des bons hypothécaires agricoles de 3 à 5 ans émis par la Rentenbank-Kreditanstalt, poussent la banque à accepter des dépôts portant intérêt, non seulement de la Compagnie des Chemins de fer, mais aussi d'autres organismes publics ou semi-publics. Le capital propre et les bénéfices accumulés de la Golddiskontbank, bien qu'importants, ne sont pas suffisants pour financer la totalité de son portefeuille et à moins qu'elle n'ait recours à d'autres formes extérieures de crédit, elle doit compter sur des dépôts ou sur ses facilités de réescompte à la Reichsbank pour s'assurer la marge nécessaire. Inversement, un excédent de dépôts conduit la Golddiskontbank à effectuer des investissements en traites, particulièrement pendant les périodes où les fonds des collectivités publiques ont tendance à s'accumuler. De cette façon, les comptes de la Golddiskontbank restent assez actifs malgré la diminution graduelle des opérations d'escompte de traites libellées en reichsmarks, en dollars et en livres sterling. Et la Reichsbank, en permettant à la Golddiskontbank de payer des intérêts sur les dépôts, continue de se servir de la Golddiskontbank pour des fins que la loi ne lui permet pas à elle-même.

3. *Crédits bancaires.*

Il y a eu encore un développement sensible dans le volume du crédit bancaire. Les dépôts des six banques privées les plus importantes, qui, réunies, constituent environ les trois quarts de la puissance bancaire des établissements de crédit allemands ne présentant pas un caractère public, ont augmenté dans l'année se terminant le 30 avril 1928 d'environ 1.500 millions de reichsmarks, soit de près de 25 %. Les prêts et avances ainsi que le portefeuille de traites et de bons du Trésor ont augmenté sensiblement du même montant et dans une proportion légèrement plus élevée. Sans aucune doute, ce développement provient, pour une part notable, de dépôts étrangers, mais, à défaut de chiffres précis, cet élément important de la situation des banques reste matière à conjectures.

Six Banques privées (en millions de reichsmarks)	1er janv. 1924	31 déc. 1926	30 avril 1927	31 déc. 1927	30 avril 1928
Caisse et avoirs dans les banques	565	1.048	1.032	1.361	1.159
Portefeuille et bons du trésor	42	1.556	1.413	1.858	2.112
Prêts et avances, total	609	4.024	4.827	4.994	5.640
a. prêts sur valeurs cotées en Bourse	—	—	—	—	1.607
b. Autres prêts	—	—	—	—	4.033
Comptes créditeurs (Gläubiger) principalement dépôts à terme et à vue	1.058	5.970	6.552	7.503	8.091
Acceptations	2	316	388	384	393
Engagements résultant d'endos	—	—	—	—	1.018

Le poste portefeuille et bons du Trésor, indiqué au tableau précédent, a augmenté continuellement d'année en année depuis la stabilisation, époque où il était presque négligeable. Au cours de ces derniers mois, il y a eu un développement sensible de cette forme de placement, mais les traites détenues par les banques se sont accrues proportionellement plus vite que l'augmentation du volume total des traites. Les acceptations sont, pour ainsi dire, restées stationnaires et n'atteignent pas le tiers du montant habituel avant la guerre. Les prêts et avances sur les valeurs négociable en bourse pour lesquels il n'existe pas de terme de comparaison avant le 31 mars atteignaient 1.600 millions le 30 avril, dont un tiers représentait des prêts aux courtiers en bourse.

A dater du 31 mars 1928, les banques ont inauguré un nouveau schéma pour la publication de leurs situations périodiques. En dehors de l'adjonction d'un poste fournissant des indications plus précises sur les relations entre les banques et la bourse des valeurs, le nouveau schéma ne représente guère qu'un perfectionnement de celui qui était précédemment utilisé. Un important progrès réalisé est, toutefois, la publication plus rapide et à intervalles plus rapprochés des situations. Elles sont publiées désormais une fois par mois au lieu de l'être tous les deux mois comme jadis et elles paraissent environ 25 jours après la date à laquelle elles se rapportent au lieu d'un mois entier. Des progrès dans le sens d'une publication plus rapide et à des intervalles plus rapprochés demeurent toujours possibles dans l'intérêt des banques elles-mêmes et de l'économie allemande en général.

En même temps, un nouveau schéma a été adopté pour l'établissement des situations des banques d'État, des provinces et des Girozentralen, il introduit un remaniement complet des rubriques, ce qui ne permet pas de comparaison avec les situations reproduites jusqu'ici dans ces Rapports. On doit noter que la Reichskredit-gesellschaft, qui limitait précédemment ses publications à des situations annuelles, fait paraître maintenant des situations mensuelles. A la fin d'avril, le total des prêts et avances de cette banque, y compris son portefeuille de traites, était de 28 % environ supérieur à ce qu'il était à la fin de décembre ; l'augmentation correspondante s'élevait, pour les principales banques privées, à 13 % environ.

4. Épargne.

Les dépôts d'épargne en Allemagne, tels qu'ils ressortent des chiffres publiés par les caisses d'épargne (Sparkassen), ont augmenté pendant le premier trimestre de 1928, de 274 millions de reichsmarks en moyenne par mois. L'augmentation des dépôts d'épargne est en général particulièrement prononcée pendant les premiers mois de l'année, mais jusqu'à présent, elle a pris en 1928 des proportions sensiblement supérieures à celles des périodes correspondantes des années précédentes. A la fin de mars 1928, le total des dépôts d'épargne dans les Sparkassen, dépôts presque tous accumulés depuis l'inflation, était de 5.487 millions de reichsmarks, mais il n'atteignait encore que 28 % du total de 1913. Il se peut que les chiffres publiés pour les dépôts d'épargne soient sujets à quelques critiques, étant donné qu'il arrive à l'occasion que d'autres fonds figurent dans ces comptes ; mais les caisses d'épargne elles-même s'efforcent de faire une distinction aussi nette que possible.

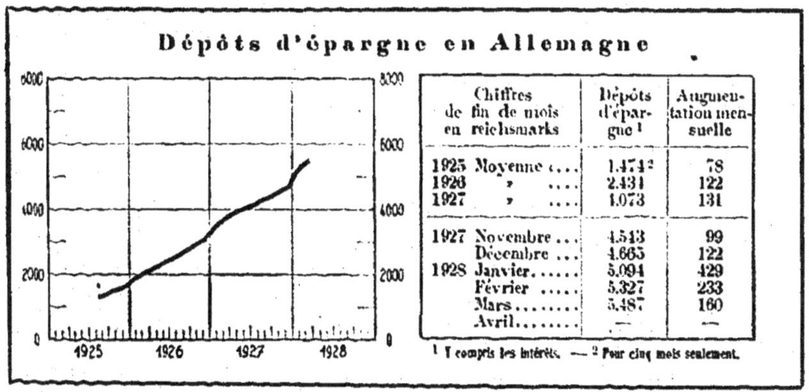

Chiffres de fin de mois en reichsmarks	Dépôts d'épargne [1]	Augmentation mensuelle
1925 Moyenne	1.474 [2]	78
1926 　 ″ 　	2.431	122
1927 　 ″ 　	1.073	131
1927 Novembre ...	4.543	99
Décembre ...	4.665	122
1928 Janvier......	5.094	429
Février	5.327	233
Mars........	5.487	160
Avril........	—	—

[1] Y compris les intérêts. — [2] Pour cinq mois seulement.

On dispose, depuis quelque temps, des chiffres se rapportant à une seconde catégorie importante d'épargne et ils seront désormais publiés tous les deux mois. Ils montrent que le montant total des assurances sur la vie contractées en Allemagne, auprès de 57 compagnies d'assurances à la fin de février 1928, atteignait 9.495 millions de reichsmarks et représentait plus de 5 millions de polices. Les investissements de fonds de ces compagnies d'assurances à la même date se montaient à 1.253 millions, dont un peu moins des trois quarts étaient placés en hypothèques. Près de la moitié du reste était placée en valeurs mobilières. Il faut signaler que le montant des assurances sur la vie a augmenté d'environ 600 millions et que les investissements des compagnies ont augmenté de

43 millions pendant les deux premiers mois de 1928, la seule période pour laquelle existent des chiffres comparables.

En dehors des chiffres mentionnés ci-dessus, il n'existe aucun chiffre définitif du volume de l'épargne courante en Allemagne. Il est possible, cependant, de calculer approximativement la formation annuelle des capitaux nouveaux, en évaluant l'excédent de la production allemande qui s'incorpore chaque année en constructions nouvelles, agrandissements industriels, augmention des stocks et ainsi de suite. Les évaluations les plus sûres dans ce domaine ont été publiées, au début de janvier 1928, par la Reichskreditgesellschaft, qui appartient indirectement au Reich, dans son rapport semestriel sur la situation économique de l'Allemagne. Le tableau suivant reproduit, sous une forme abrégée, les estimations de la Reichskreditgesellschaft.

Évaluation de la formation des capitaux en Allemagne (en milliards de reichsmarkrs)	1913	1925	1926	1927	Moyenne annuelle 1925-1927
Excédent des intérêts perçus sur les intérêts versés....................	1,4	—	—	—	—
Excédent de la production.........	10,5	9,5	6,3	12,0	9,3
Déduction faite des capitaux importés (autres que ceux destinés à la couverture de la monnaie)...........	—	3,1	—	4,4	2,5
Formation nette de capitaux	11,9	6,4	6,3	7,6	6,8

Dans les remarques qui précèdent ces chiffres, la Reichskreditgesellschaft dit qu'il n'est pas encore possible d'estimer de façon exacte la formation de capitaux en Allemagne, mais qu'on peut déterminer les limites générales à l'ntérieur desquelles doit se maintenir l'excédent de la production en s'appuyant sur la balance internationale des payements ainsi que sur les conditions de la production et de la consommation. L'excédent de la production, à son tour, déduction faite du montant des capitaux importés (autres que ceux destinés à la couverture de la monnaie), fournit la base dont on se servira pour évaluer la formation annuelle de capitaux. Il reste, toutefois, une objection essentielle, à savoir que l'excédent de la production comprend souvent des postes qu'on ne peut convertir en espèces sans déterminer une forte baisse des prix.

Pour les chiffres de 1913, la Reichskreditgesellschaft a pris les évaluations de Helfferich se rapportant aux anciennes limites territoriales de l'Allemagne et les a converties en valeurs actuelles. La méthode employée par la Banque pour l'établissement de ses propres évaluations relatives à ces dernières années, apparaît dans son estimation pour 1927, qui est résumée dans le tableau de la page 93.

La partie de beaucoup la plus importante de l'excédent de la production reflété dans le tableau ci-après représente des constructions nouvelles, ainsi que des adjonctions aux installations et à l'outillage existants. Une partie en est basée sur l'augmentation annuelle de la population de l'Allemagne, une autre partie trouve sa justification principale dans les facilités qu'elle peut apporter, dans l'avenir, à l'accroissement de la productivité. En outre, une proportion assez élevée de cet excédent consiste en édifices publics nouveaux et en renouvellement d'outillage auxquels on peut difficilement attribuer avec exactitude une valeur productive. L'évaluation en question présente toutefois un grand intérêt même après ces réserves, car elle montre que les valeurs produites à l'intérieur de l'Allemagne ont dépassé plusieurs fois le montant des nouvelles dettes contractées vis-à-vis de l'étranger, en dépit de l'existence de la charge de réparations.

Excédent de la production, 1927 (Évaluation en milliards de reichsmarks)			
Augmentations concernant :		Fonds provenant :	
la construction d'habitations	3,2	d'Allemagne	7,6
les édifices publics et les bâtiments servant à des usages commerciaux	1,1	de l'étranger	4,4
l'outillage des entreprises de transports	1,9		
les machines	1,0		
les travaux publics	2,2		
le mobilier et les installations fixes	1,1		
les stocks en magasin	1,5		
	12,0		12,0

5. *Nouvelles émissions de capitaux et marché des valeurs.*

Il ressort de l'importance de l'augmentation des dépôts dans les Sparkassen et des autres formes de l'épargne que le marché intérieur des émissions de capitaux aurait dû montrer, dans les premiers mois de 1928, une capacité plus grande pour absorber des offres nouvelles. Exception faite pour les émissions périodiques des établissements de crédit foncier, le marché, dans la plupart des cas, a été inactif depuis février 1927. A ce moment, l'emprunt intérieur du Reich d'un montant nominal de 500 millions de reichsmarks avait excédé les forces du marché, et il était nécessaire d'attendre que de nouveaux capitaux de placement se fussent accumulés, avant de pouvoir lancer de nouvelles émissions. En février 1928, le succès de la vente des certificats des actions de préférence des chemins de fer a marqué une ferme reprise de l'activité, ce qui a provoqué beaucoup d'autres tentatives de procéder à de nouvelles émissions. Afin de prévenir un deuxième épuisement du marché semblable à celui qui avait eu lieu en 1927, les banquiers allemands et les autorités financières du Reich et de la Prusse ont découragé des offres trop fréquentes, mais leurs efforts, étant donné les demandes insistantes des États et des communes, ainsi que la situation critique de l'agriculture, n'ont pas été, en général, couronnées de succès. Le marché montre encore une certaine capacité d'absorption, même après les émissions étendues d'obligations allemandes faites dans les quatre premiers mois de 1928, émissions qui se sont continuées moins activement en mai ; toutefois, l'affluence des demandes qui pèse sur le marché a maintenu un taux d'intérêt très lourd.

Émissions à l'intérieur de l'allemagne (en millions de reichsmarks)	1907-1913 moyenne mensuelle	1925	1926	1927	1928 du 1er janv. au 30 avril
Obligations allemandes :					
Reich, États, communes, etc.	1.172	15	804	696	169
Associations de droit public.............	4	22	196	12	220
Établissements de crédit foncier, Giroverbände et établissements similaires :					
a. emprunts communaux	116	38	466	348	268
b. obligations hypothécaires.............	788	840	1.028	1.044	659
Entreprises privées	400	113	329	192	35
Total des obligations ..	2.480	1.028	3.423	2.892	1.351
Actions allemandes	740	661	898	1,368	327
Total des valeurs allemandes	3.220	1.689	4.321	4.260	1.678
Valeurs étrangères	472	—	—	60	—
Total général....	3.692	1.689	4.321	4.320	1.678

Le tableau précédent, établi d'après les chiffres publiés par l'Office de Statistique du Reich, montre le montant des obligations et des titres assimilés d'après la valeur nominale des émissions nouvelles, mais pour les actions nouvelles, il indique le montant versé, ne tenant pas compte des actions nouvelles émises à l'occasion de fusions d'entreprises.

Les obligations hypothécaires émises par les établissements de crédit foncier ont constitué, jusqu'à présent, au cours de 1928 comme dans les années précédentes, le poste le plus important dans la liste des placements nouveaux et leur volume a été tout à fait égal à celui des obligations vendues pendant une période semblable depuis la stabilisation. Ce sont presque entièrement des titres dits Pfandbriefe garantis par des hypothèques sur les immeubles urbains ou les terrains agricoles, et les intérêts élevés qu'ils rapportent aux détenteurs — la moyenne actuelle est au-dessus de 8 % — qui traduisent les demandes de capitaux consacrés à la construction d'habitations et aux besoins pressants de l'agriculture.

Au début de février, la Compagnie des Chemins de fer allemands a émis des actions de préférence pour un montant nominal de 200 millions qui figure dans le tableau précédent sous la rubrique des valeurs émises par les « associations de droit public ». Ces actions comportant un dividende de 7 % garanti par le Reich n'ont pas été offertes directement au public, mais ont été déposées à la Reichsbank, laquelle à son tour, a mis en vente un montant équivalent de certificats au porteur, libellés en or. Un syndicat de banquiers sous la direction de la Reichsbank a souscrit 100 millions de ces certificats à 90½ et les a offerts au public à 93½, conservant en outre une option sur 100 autres millions. Les souscriptions ont excédé de beaucoup le montant de l'offre originale ; l'option a été exercée et les 100 autres millions ont été également souscrits et même un peu au-delà.

Les communes ont contracté l'ensemble de leurs emprunts à long terme par l'intermédiaire des Giroverbände, qui sont en relation étroite avec les Sparkassen ; cependant, des montants importants d'obligations communales et de bons communaux, particulièrement au cours d'avril et de mai, ont été aussi offerts au public par l'intermédiaire de syndicats de banquiers. En 1928, jusqu'à la fin d'avril, le montant total des emprunts des États, des provinces et des communes, offerts sur le marché intérieur, était de 400 millions de reichsmarks environ. En mai, 65 millions supplémentaires étaient émis, non compris toutefois les offres faites par l'intermédiaire des Giroverbände et des autres établissements de crédit, dont les chiffres n'ont pas encore été publiés.

Beaucoup de ces émissions ont été placées à des conditions extrêmement défavorables pour les emprunteurs. Une catégorie qui comprend des offres en assez grand nombre a pris la forme de bons du Trésor portant un intérêt nominal de 5 % environ, mais remboursables dans l'intervalle de trois ans, à 8 ou 10 points au-dessus du prix d'émission. Ces bons comportent aussi fréquemment une option donnant au porteur le droit de les convertir, à l'échéance ou avant l'échéance, en obligations à long terme portant un intérêt élevé et dont l'émission est de 10 à 15 points ou davantage au-dessous du prix auquel les bons du Trésor sont acceptés en échange. Un procédé financier aussi imprévoyant entraîne de lourdes obligations pour l'avenir et tend à augmenter le coût général du crédit au détriment de tous les autres emprunteurs.

Les prix élevés auxquels les nouvelles émissions ont été placées en Allemagne ont, sans aucun doute, exercé une attraction sur un grand nombre d'acheteurs étrangers dans toutes les catégories de valeurs. Cependant, la proportion des achats étrangers ne peut pas être déterminée et des évaluations faites par des autorités également qualifiées ont présenté de telles différences qu'il n'y a aucune base pour mesurer la participation étrangère, soit sur le marché considéré dans son ensemble, soit même dans une émission quelconque importante. Dans le cas de l'émission des chemins de fer, par exemple, les évaluations ont varié de 18 à 80 %. Toutefois, d'une manière générale, il est visible que la participation étrangère dans le marché intérieur s'est accrue récemment, et qu'elle reflète ainsi la confiance que les acheteurs étrangers accordent aux obligations libellées en reichsmarks et en marks-or.

Le marché des *valeurs mobilières* a été calme au cours de la période. A la fin de 1927, il y eut une légère reprise dans le cours des actions après la baisse rapide qui avait eu lieu au milieu de l'année et, en 1928, les fluctuations des prix se sont maintenues jusqu'à présent dans des limites assez resserrées. Il y a un an, le revenu moyen des actions enregistré à la Bourse de Berlin était de 3¼ %. A la fin d'avril 1928, en raison de la baisse des prix et du relèvement des dividendes, le revenu moyen atteignait 4,8 %.

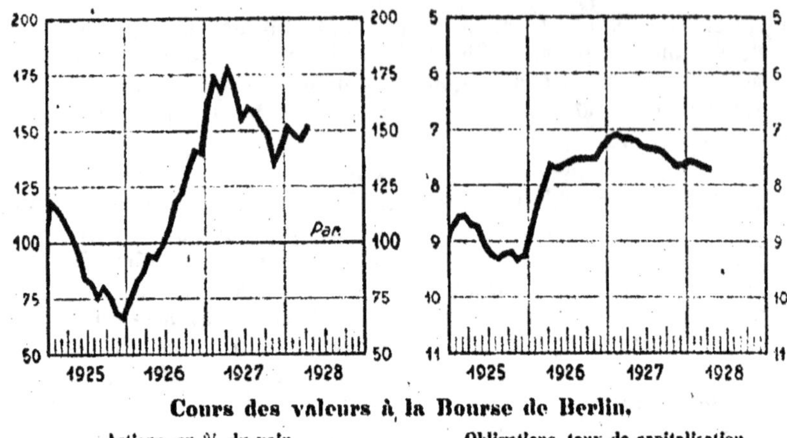

Cours des valeurs à la Bourse de Berlin.

Actions, en % du pair
(moyenne mensuelle).

Obligations, taux de capitalisation
(moyenne mensuelle).

Le mouvement des cours des obligations à la Bourse a traduit les changements survenus dans le taux de l'intérêt et la pression continue exercée par les offres nouvelles. Lorsque les cours atteignirent leur maximum en février 1927, le rendement moyen était légèrement supérieur à 7%. A la fin de mai 1928, le rendement moyen était de 7,7 % environ.

6. Crédits à court terme.

Le volume des traites tirées, ainsi que le montrent les recettes de l'impôt sur le timbre, a constamment augmenté depuis presque deux ans. Cette augmentation est, dans l'ensemble, parallèle à celle du volume de la production et des échanges. Elle pourrait, toutefois, récemment témoigner aussi une tendance croissante à recourir au crédit pour des transactions effectuées antérieurement au comptant ou au moyen de crédits bancaires. Les protêts restent rares quoiqu'ils aient quelque peu augmenté depuis l'année dernière, les faillites ont aussi légèrement augmenté et ont atteint, au cours des derniers mois, environ le niveau habituel d'avant la guerre.

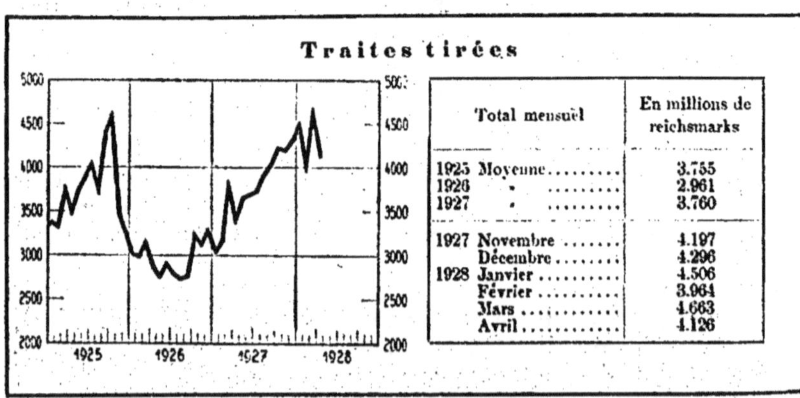

Traites tirées

Total mensuel	En millions de reichsmarks
1925 Moyenne.........	3.755
1926 »	2.961
1927 »	3.760
1927 Novembre	4.197
Décembre	4.296
1928 Janvier	4.506
Février	3.964
Mars	4.663
Avril	4.126

Le marché libre de l'escompte est toujours très resserré et la Reichsbank, dans une large mesure, le soutient par ses achats de traites pour le compte de certaines administrations publiques. Les traites offertes sont surtout des acceptations de banque de premier ordre et la création de telles traites en Allemagne reste limitée. Les bons du trésor du Reich qui, depuis février, ont été mis en vente de temps à autre, en petite quantité, ont récemment provoqué une légère augmentation des offres. Ces bons sont les premiers qui aient été mis en vente au cours de ces dernières années et ils ont été placés sur le marché libre par l'intermédiaire de la Reichsbank au taux habituel des traites bancaires. En vertu de la modification à la loi sur la Reichsbank, en date du 8 juillet 1926, les bons du trésor peuvent servir de garantie pour les emprunts ou le réescompte à la Reichsbank, pourvu qu'ils remplissent certaines conditions déterminées. Jusqu'à présent, la Reichsbank n'en a réescompté aucun, mais elle a contracté pour un montant peu élevé des emprunts sur titres garantis par des bons du trésor.

7. Crédits agricoles.

L'agriculture allemande est en présence d'un problème du crédit d'une difficulté singulière et il n'est pas possible de voir quelle solution pourrait lui être donnée de façon que l'aide apportée soit d'un profit durable. Le problème est essentiellement celui-ci : la dette d'un grand nombre d'entreprises agricoles devient extrêmement difficile à supporter, non pas tant à cause de son étendue actuelle, qu'en raison de la charge des intérêts élevés qu'elle comporte. D'après les évaluations officielles, l'agriculture allemande, dans son ensemble, paie plus d'intérêts qu'avant la guerre, quoique le volume de la dette (et par conséquent le montant total des crédits reçus) soit sensiblement moins étendu aujourd'hui qu'autrefois. En même temps que s'élevaient les charges d'intérêt, la moyenne des impôts sur la propriété immobilière, par hectare de terre de culture, a dépassé de beaucoup le niveau d'avant-guerre ; il en a été de même pour les charges sociales qui incombent au chef d'exploitation agricole. Ces divers éléments, ainsi qu'une série de récoltes défavorables, ont contribué à supprimer les bénéfices de nombreuses exploitations agricoles et ont provoqué de nouveaux appels au crédit.

Crédits agricoles (en millions de reichsmarks)	31 déc. 1925	31 déc. 1926	31 déc. 1927	31 mars 1928
Crédits hypothécaires	1.011	2.048	2.807	3.034
Crédits intermédiaires	26	72	248	288
Crédits à court terme..........	2.158	1.893	2.082	2.125
Total....	3.195	4.013	5.137	5.447

Le tableau qui précède reproduit les chiffres réunis par l'Institut für Konjunkturforschung et ne représente pas le montant de nouveaux crédits accordés chaque année, mais le montant des crédits en cours aux dates respectives, tel qu'il résulte d'évaluations.

Le poste crédits hypothécaires ne comprend pas le reliquat revalorisé de l'ancienne dette hypothécaire estimée actuellement entre 3.000 et 4.000 millions et portant un intérêt relativement bas. De même, le poste crédits à court terme ne comprend pas la dette flottante estimée à un montant de 1.800 millions, en partie sous forme de traites et, en partie sous forme de dettes pour achats de marchandises qui n'ont pas été entièrement transformées en dettes portant intérêt. En résumé, il semble qu'au total l'agriculture allemande ait un total de dettes dépassant 10.000 millions contre 16.000 millions avant la guerre. Les estimations officielles de la charge actuelle constituée par l'intérêt de cette dette — en admettant que les anciennes dettes ne portent qu'un faible intérêt et que les nouvelles dettes ne portent en partie aucun intérêt ou un intérêt très peu élevé — en fixent le montant entre 850 et 900 millions de reichsmarks, tandis que la dette plus importante d'avant-guerre comportait, au titre des intérêts, un payement un peu supérieur à 700 millions de reichsmarks.

Le taux courant de l'intérêt pour les différentes catégories de nouveaux crédits accordés à l'agriculture est, en général, égal ou supérieur au double du taux d'avant-guerre. On peut se faire une idée du niveau actuel par les taux de la Rentenbank-Kreditanstalt qui sont publiés. Cet établissement s'efforce de maintenir ses taux aussi bas que les circonstances le lui permettent, cependant, au moment où ses fonds parviennent à l'agriculteur, les crédits personnels coûtent jusqu'à $9^1/_4$ % et les crédits hypothécaires $7^1/_2$ % environ, sans tenir compte d'un versement annuel de 1 % au fonds d'amortissement. Ces taux ne doivent pas être regardés comme des taux habituels, mais comme un minimum, ou presque, pour la meilleure catégorie d'emprunts agricoles existant actuellement en Allemagne.

De telles charges d'intérêts grèvent lourdement l'agriculture allemande. Dans beaucoup de cas, il est évident que cette charge constitue effectivement un obstacle aux emprunts, mais il ressort des publications officielles que beaucoup d'agriculteurs qui n'ont pas été en état d'assurer le service de leur dette existante cherchent à contracter de nouveaux emprunts afin de continuer à vivre. On ne peut pas dire que des emprunts de cette nature reflétent la situation dans son ensemble — en particulier les prêts sur première hypothèque qui gagent les émissions courantes d'obligations hypothécaires de premier rang ne rentrent pas dans cette catégorie — pourtant ces emprunts n'en sont pas moins le témoignage de la détresse dans laquelle se trouve une partie considérable de l'agriculture allemande ; ce qui a déterminé le Gouvernement, en vue de lui porter secours, à prendre certaines mesures surtout grâce au programme d'urgence adopté par le Reichstag vers la fin de mars.

Ce programme de secours d'urgence adopté par le Reich et auquel collaborent sur certains points la Prusse et les autres États ne se prête pas à un bref résumé à cause des nombreux détails d'application auxquels il a déjà donné lieu. Mais il est possible d'énumérer entre autres les dispositions générales suivantes. Le crédit du Reich et celui des États, ainsi que le crédit local, ont été mis à la disposition de l'agriculture, sous certaines réserves et pour

des sommes limitées, en vue de convertir les dettes personnelles à
court terme en crédits hypothécaires à long terme, souvent sous
forme d'hypothèques de second rang. Des fonds du Reich, à concurrence de 25 millions, ont été prévus au budget pour secourir les
coopératives agricoles dans l'embarras et pour les réorganiser en
général. Le budget du Reich a aussi prévu 8 millions de reichsmarks
et il a autorisé, en outre, une garantie de crédits à concurrence de
22 millions pour organiser et développer la vente du bétail sur pied
et de la viande de boucherie. Il a aussi prévu 30 millions de reichsmarks pour secours aux agriculteurs particulièrement atteints par la
crise. D'autres dispositions ont pour but de réduire les importations
de viande frigorifiée, d'intensifier les exportations de viande de porc
et de porcs vivants et de développer l'élevage des animaux de basse-
cour.

Au moment où ce programme était en discussion, les résultats
d'une enquête sur les crédits agricoles ont été publiés : ils traitent
d'une façon plus complète des causes profondes de la situation.
Cette enquête est présentée sous la forme d'un rapport préliminaire
de la sous-commission de l'agriculture, de la Commission générale
d'Enquête nommée en vertu d'une résolution prise par le Reichstag au printemps de 1926, et chargée d'étudier et d'exposer la
situation économique de l'Allemagne. Le rapport a perdu un peu
de son intérêt parce qu'il s'occupe surtout de l'évolution antérieure
au 31 décembre 1926. Cependant, ses conclusions sont dignes
d'attention et ont pu exercer quelque influence sur le programme
du Gouvernement lui-même. La sous-commission a proposé un plan
d'action très étendu pour transformer la dette de l'agriculture en
partie à l'aide de conversions, et pour réorganiser les exploitations
elles-mêmes lorsque leurs propriétaires actuels ne paraissent pas
capables de continuer à les gérer. Elle s'est élevée particulièrement
contre toute réduction artificielle du taux d'intérêt pour la raison
qu'une telle mesure encouragerait de nouveaux emprunts et compromettrait l'œuvre de réorganisation. En résumé, la sous-commission a
reconnu ce fait fondamental, à savoir que le problème des crédits
agricoles en Allemagne est lié au problème général du crédit en
Allemagne, problème que la sous-commission, d'ailleurs, n'examine
pas.

Le programme du Reich et le plan proposé par la Commission
sont tous deux de portée limitée, le premier, parce que la plupart
des mesures recommandées ne sont en réalité que des palliatifs, le
second, parce qu'il ne considère pas les aspects plus vastes du
crédit en général dont le crédit agricole n'est qu'une partie. La
disette de crédits pour l'agriculture et les taux élevés qu'il faut
payer pour en obtenir ont des causes multiples ; une des principales est le fait que les communes, grâce aux moyens que leur
fournissent les impôts, offrent pour les crédits qu'elles demandent
un taux que l'agriculture ne peut payer sans risquer sa propre
existence.

Il est encourageant de voir que de plus en plus l'intérêt public
s'attache en Allemagne aux changements essentiels que la guerre et
la période d'après-guerre ont apportés à l'agriculture dans le monde
entier. Dans la réorganisation fondamentale des méthodes agricoles,

il est raisonnable de supposer que l'attention sera portée tout d'abord sur les catégories de produits (lait, viande, volaille et légumes, par exemple) qu'un pays industriel à population dense peut le mieux absorber, produits pour lesquels il semble qu'il y ait le plus de possibilités d'améliorer à la fois les méthodes d'exploitation agricole et l'organisation des marchés.

C. MONNAIE ALLEMANDE.

Le reichsmark continue de satisfaire à toutes les exigences de la stabilité telles que les envisageait le Plan des Experts. Les fluctuations de sa valeur extérieure au cours de l'année 1928, comme le montre le chapitre consacré au cours des changes, se sont manifestées en général dans le sens d'une plus grande fermeté. D'autre part, sa valeur intérieure, telle que la reflètent les prix des marchandises, a manifesté une tendance à diminuer, mais cette diminution est demeurée dans les limites considérées comme habituelles pour une monnaie à étalon or.

Le volume de la circulation monétaire, concurremment avec le volume des crédits, continue de s'accroître. A part les changements périodiques de nature saisonnière, l'augmentation a été continuelle et à peu près régulière depuis la stabilisation monétaire en novembre 1923. L'augmentation moyenne de 1925 à 1926, par exemple, a été de 400 millions. De 1926 à 1927, période d'essor économique rapide, l'augmentation a été de 540 millions et, dans les cinq premiers mois de 1928, par rapport aux mois correspondants de 1927, la moyenne est retombée à 440 millions.

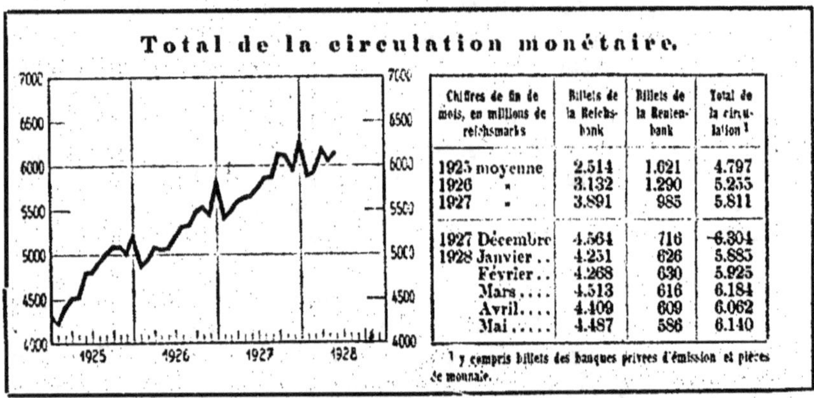

Chiffres de fin de mois, en millions de reichsmarks	Billets de la Reichsbank	Billets de la Rentenbank	Total de la circulation [1]
1925 moyenne	2.514	1.621	4.797
1926 "	3.132	1.290	5.255
1927 "	3.891	985	5.811
1927 Décembre	4.564	716	—6.304
1928 Janvier ..	4.231	626	5.883
Février ..	4.268	630	5.925
Mars	4.513	616	6.184
Avril....	4.409	609	6.062
Mai	4.487	586	6.140

[1] y compris billets des banques privées d'émission et pièces de monnaie.

La part des billets de la Rentenbank dans le volume général de la circulation a constamment diminué depuis que les dispositions de la loi sur la liquidation de la Rentenbank sont entrées en vigueur. Les monnaies frappées par le Reich ont repris en partie la place de ces billets dans la circulation, mais ce sont surtout les billets de la Reichsbank formant à l'heure actuelle près des trois quarts du total de la circulation qui sont venus les remplacer.

Si l'on se réfère au dernier Rapport, on se souviendra que le retrait des billets de la Rentenbank s'est poursuivi jusqu'en décembre dernier à une allure moins rapide qu'on ne l'avait envisagée quand le plan de liquidation a été établi ; une des ressources prévues pour la liquidation en particulier n'a pas été employée. Il s'agissait du versement au fonds pour le retrait des billets de la Rentenbanc de certains bénéfices réalisés sur les crédits, dits crédits économiques, consentis au début de la stabilisation ; ces crédits faisaient partie des mesures destinées à mettre en circulation la nouvelle monnaie libellée en rentenmarks. En janvier 1928, la Reichsbank, d'accord avec la Rentenbank, a entrepris de combler cette lacune en retirant de la circulation des billets de la Rentenbank pour un montant équivalant à sa part dans les bénéfices effectifs, soit 70.082.498 rentenmarks. Ces billets ne seront pas annulés avant que tous les billets de la Rentenbank encore en circulation n'aient été liquidés, mais dans l'intervalle, la Reichsbank les gardera en compte bloqué.

VII. COMMERCE EXTÉRIEUR DE L'ALLEMAGNE.

Les importations ont été le principal élément de fluctuation dans la balance commerciale de l'Allemagne depuis l'entrée en vigueur du Plan des Experts ; leur augmentation et leur diminution ont été, dans une large mesure, la cause déterminante de l'excédent ou du déficit de la balance commerciale. Les exportations n'ont pas été sujettes aux mêmes oscillations. Au contraire, si l'on tient compte des influences saisonnières, les exportations ont manifesté une tendance graduelle à la hausse, tendance qui s'est quelque peu accélérée au cours des derniers mois. Même en prenant cet élément en considération, le volume des importations au cours du semestre se terminant le 30 avril 1928 a atteint de telles proportions que le déficit du commerce extérieur a beaucoup dépassé le montant qu'il atteignait il y a un an.

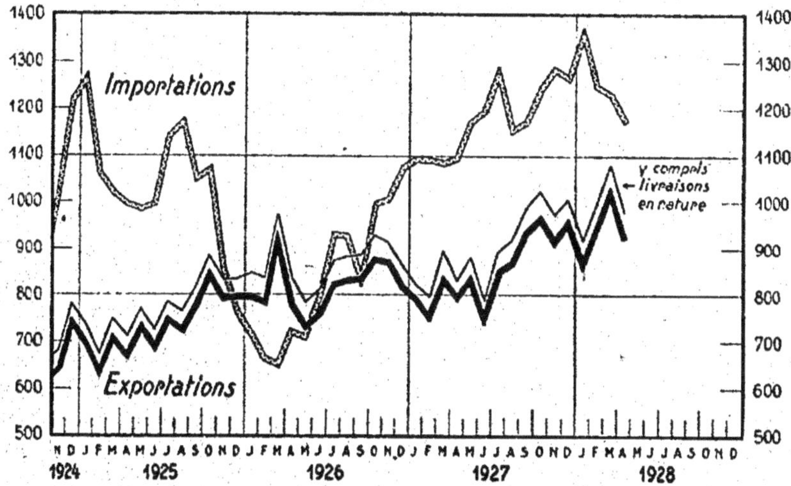

Exportations et importations de l'Allemagne, chiffres mensuels
(en millions de reichsmarks)

Après la reconstitution préalable des stocks qui a eu lieu pendant la première année d'application du Plan, le développement et le fléchissement des importations ont presque toujours coïncidé avec la tendance générale du développement des affaires. En Allemagne, l'industrie et la science ont fait de grands efforts pour transformer les matières premières existant à l'intérieur du pays en matières premières qu'on ne pouvait autrement se procurer qu'à l'étranger. Ces efforts ont été couronnés de succès pour un grand nombre de produits importants comme les produits azotés et le pétrole. Néanmoins, l'Allemagne reste dépendante de l'étranger pour une grande partie des matières essentielles à son industrie. En conséquence, l'activité industrielle se trouve plus ou moins rapidement traduite par le volume des matières premières importées. D'autres éléments entrent en ligne de compte pour accentuer ou contrecarrer l'influence de ces tendances sur le volume total des importations, mais, depuis l'automne de 1925, ils ne paraissent pas avoir neutralisé pendant une période quelque peu prolongée la concordance observée entre la situation économique générale d'une part, le développement et le fléchissement des importations, de l'autre. L'afflux de capitaux étrangers agit dans deux sens sur cette évolution. Il stimule l'activité économique mais, en même temps, il procure des fonds liquides pour l'achat des matières premières dont l'industrie a besoin aussi bien pour l'achat de denrées alimentaires que pour l'achat de produits finis d'origine étrangère.

Les fluctuations dans le volume des exportations ne peuvent s'expliquer par des considérations d'ordre aussi général. Le maximum atteint dans les deux premières années d'application du Plan l'a été, en mars 1926, au cours d'une période de dépression économique. Le relèvement subit des exportations correspondant à un certain nombre de ventes effectuées par nécessité s'est révélé être simplement une accentuation passagère de la tendance progressive à l'augmentation que manifestent les exportations. Depuis cette époque et jusqu'à l'automne de 1927, l'ensemble de l'économie allemande a traversé toutes les étapes allant de la dépression à la grande activité et le développement du marché intérieur n'a pas beaucoup favorisé l'impulsion dont l'industrie allemande avait besoin pour chercher de nouveaux débouchés à l'extérieur. Depuis les derniers mois de 1927 jusqu'à l'heure actuelle, pendant une période qui a été une période de très forte production en Allemagne, la quantité des marchandises exportées a été plus grande qu'au cours de toute période semblable depuis la stabilisation. Cela peut provenir d'une certaine diminution des demandes à l'intérieur du pays, diminution qu'il est toujours impossible d'évaluer. Mais il semble bien plutôt que cela ne soit que la répercussion de la plus grande capacité d'exportation résultant d'une production abondante, et d'un accroissement du pouvoir d'achat des marchés étrangers.

Il est d'un grand intérêt pour l'ensemble de l'économie allemande que ce développement des exportations ne soit pas arrêté et qu'il se poursuive. Le principal danger qui menace la persistance de cette évolution est l'augmentation constante du coût de production et des prix, augmentation qui diminue la faculté pour l'industrie allemande de concurrencer la production étrangère. Des efforts ont été faits, par exemple, dans l'industrie du charbon en vue d'établir une échelle de prix pour la partie du marché intérieur non sujette à la concurrence, échelle selon laquelle des bénéfices suffisants seraient prévus afin de permettre des ventes dans d'autres pays à des prix aussi avantageux que ceux de la concurrence. De pareils procédés ne sont que des subsides déguisés aux dépens du consommateur allemand et ne peuvent manquer d'avoir des répercussions défavorables sur le marché intérieur dans son ensemble et indirectement sur l'essor général du commerce extérieur de l'Allemagne.

Le tableau suivant indique les exportations, avec et sans les livraisons en nature au titre des réparations telles que les a calculées l'Office de Statistique du Reich. Pour la période de six mois se terminant le 30 avril 1928, l'exédent net des importations, sans tenir compte des livraisons en nature, s'est monté à 1.942 millions de reichsmarks contre 1.578 millions dans la période correspondante de l'année dernière. Si l'on tient compte des livraisons en nature, le déficit de la balance commerciale pour la période a été de 1.617 millions contre 1.320 millions il y a un an.

Commerce extérieur de l'Allemagne (chiffres mensuels en millions de reichsmarks)	Importations	Exportations		Excédent des importations	
		sans les livraisons en nature	y compris les livraisons en nature	sans les livraisons en nature	y compris les livraisons en nature
1925 moyenne...	1.030	733	774	297	256
1926 moyenne...	833	815	868	18	35 [1])
1927 moyenne...	1.186	852	900	334	286
1927 novembre..	1.285	913	971	372	314
décembre..	1.266	954	1.004	312	262
1928 janvier....	1.357	862	915	495	442
février....	1.247	942	994	305	253
mars......	1.229	1.022	1.079	207	150
avril......	1.175	924	970	251	196

[1]) Excédent des exportations.

Les chiffres figurant au tableau précédent, aussi bien que ceux utilisés dans d'autres sections du présent chapitre, sont les chiffres publiés par l'Office de Statistique du Reich et revus par lui de temps à autre. Mais il ne faudra pas perdre de vue que, ainsi qu'on l'a fait remarquer dans les précédents Rapports, ni les chiffres originaux, ni les revisions périodiques, n'ont subi de rectifications permettant de contrebalancer la tendance fondamentale à surestimer les importations et à sous-estimer les exportations. L'Office de Statistique estime que la valeur des importations doit être réduite de 5 % pour les années 1924 et 1925 et de 3 % pour les années 1926, 1927 et 1928, et que la valeur des exportations doit être augmentée de 1½ % pour l'ensemble de la période. L'application de ces pourcentages aurait pour conséquence une réduction sensible de l'excédent des importations pour l'ensemble de la période.

En vue d'assurer à l'avenir une plus grande exactitude dans les statistiques du commerce extérieur, le Reichstag a voté une loi, promulguée le 27 mars 1928, et prévoyant certaines réformes dans la méthode d'établissement de ces statistiques. Le changement le plus important est que les importateurs seront requis de faire des déclarations de valeur pour toutes les marchandises importées et que les statistiques d'importations seront établies sur la base de ces déclarations. Jusqu'à présent, les valeurs des importations ont, dans une forte proportion, fait l'objet d'évaluations et il a été très difficile de tenir compte, ainsi qu'il eût convenu, des différences de qualité. La loi prévoit également certains changements pour les déclarations d'exportations en vue de déterminer dans les statistiques le prix effectif d'exportation plutôt que le prix établi par le fabricant. Jusqu'à présent, dans le cas de ventes effectuées par les exportateurs, les fabricants expédiaient souvent les marchandises directement et faisaient eux-mêmes la déclaration, communiquant le prix qu'ils avaient touché plutôt que le prix plus élevé touché par l'exportateur. La nouvelle loi entrera en vigueur le 1er octobre 1928.

Il faut remarquer à propos des graphiques de ce chapitre que, pour la période antérieure au 31 décembre 1926, le mouvement mensuel des livraisons en nature a été évalué en se basant sur le total annuel indiqué par l'Office de Statistique. Depuis cette époque, les chiffres mensuels eux-mêmes ont été publiés par l'Office de Statistique.

A. ANALYSE DES IMPORTATIONS ET DES EXPORTATIONS.

Les matières premières constituent un peu plus de 50 % de l'ensemble des importations et la majeure partie de l'augmentation des importations est relative à cette catégorie d'articles. Depuis le début de 1926, et jusqu'au début de 1928, les importations mensuelles de matières premières ont presque doublé. Pendant la période de six mois se terminant le 30 avril 1928, même en tenant compte d'un léger fléchissement après février, les importations ont été inférieures d'environ 17 % à celles de la même période de l'année antérieure; cette augmentation correspond étroitement au développement de l'activité industrielle.

Les denrées alimentaires qui, par leur importance, viennent en second lieu parmi les diverses catégories d'importations, se sont développées beaucoup plus lentement que les autres groupes depuis le début de 1927. Au cours des six derniers mois, l'accroissement a été de 8 % par rapport à ce qu'il était l'année précédente. Par rapport aux chiffres d'avant-guerre, les importations de denrées alimentaires demeurent toujours élevées, ce qui provient en partie des récoltes peu abondantes de 1926 et de 1927. Les prévisions relatives à la récolte de 1928 sont encore trop indéterminées; elles ne peuvent donc fournir de base pour prévoir l'influence qu'elles auront d'une façon ou d'une autre sur les chiffres des importations.

Les importations de produits finis, quoique n'atteignant ni le niveau des importations de matières premières, ni celui des importations de denrées alimentaires, sont celles qui ont atteint l'augmentation relative la plus forte. Pour les six derniers mois, les chiffres ont été de 40 % supérieurs à ceux de l'année précédente.

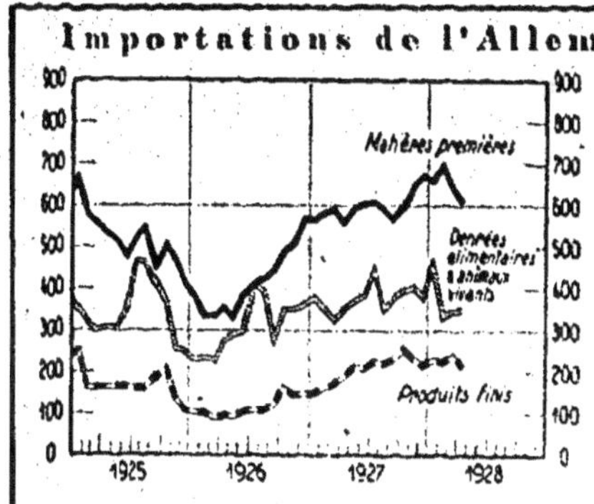

Importations de l'Allemagne, par catégories

En millions de reichsmarks	Denrées alimentaires et animaux vivants	Matières premières et produits semi-ouvrés	Produits finis
1925 Moyenne	315	518	167
1926 »	307	412	114
1927 »	375	599	212
1927 Novembre	405	617	233
Décembre	380	670	216
1928 Janvier ..	465	661	231
Février ...	329	695	223
Mars	348	611	240
Avril	350	610	215

Les produits finis forment plus de 70 % du total des exportations, ce qui fait que les changements qui se sont produits dans les autres catégories au cours des 15 ou 18 derniers mois ont été d'une moins grande importance en ce qui concerne l'action exercée sur la tendance générale des exportations. Pendant la période de six mois prenant fin le 30 avril 1928, la valeur totale des produits finis exportés a été de 21 % supérieure à ce qu'elle était au cours de la période correspondante une année auparavant. Les augmentations se sont étendues à un grand nombre de marchandises et elles sont le signe d'un développement sain et graduel des débouchés de l'Allemagne à l'étranger. Parmi les exportations les plus importantes de cette catégorie, les plus fortes augmentations d'une année sur l'autre sont les suivantes : pour les textiles 22 %, pour les machines et les locomotives 35 %, pour les produits électrotechniques 43 %, pour les couleurs et les produits chimiques 13 %.

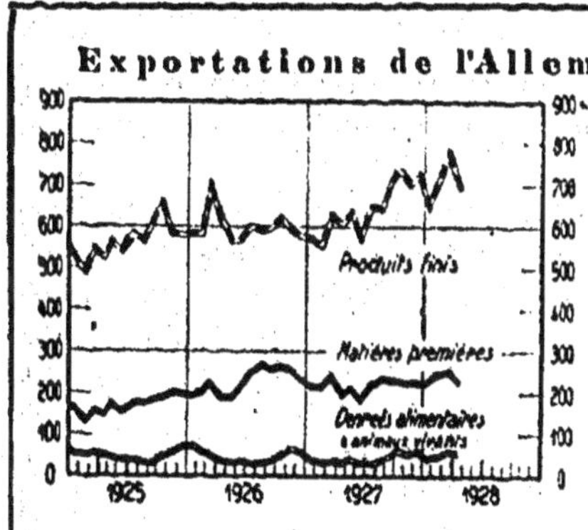

Exportations de l'Allemagne, par catégories[1]

En millions de reichsmarks	Denrées alimentaires et animaux vivants	Matières premières et produits semi-ouvrés	Produits finis
1925 Moyenne	45	166	563
1926 »	45	227	596
1927 »	39	217	644
1927 Novembre	48	222	701
Décembre	56	224	724
1928 Janvier ..	40	226	649
Février ..	41	215	705
Mars	55	250	774
Avril	53	228	696

[1] Y compris les livraisons en nature.

B. TARIFS ET TRAITÉS DE COMMERCE.

L'Allemagne a fait de nouveaux progrès dans la conclusion de conventions commerciales avec les autres pays. En conséquence des négociations entamées conformément au traité de commerce franco-allemand du 17 août 1927, une convention a été conclue avec la France le 23 février 1928 au sujet des relations commerciales entre la Sarre et le Reich. Cette convention remplace les arrangements partiels antérieurs d'août et de novembre 1926. La convention est entrée en vigueur le 1ᵉʳ avril 1928 et le restera nécessairement jusqu'au 1er juillet 1929 ; elle maintient le principe de l'union douanière entre la Sarre et la France, tout en apportant à ce principe les ajustements que l'expérience a révélés nécessaires. Elle comporte quatre listes de marchandises allemandes jouissant, soit de la franchise douanière complète, soit d'un abaissement des droits à leur entrée dans la Sarre, et en même temps elle prévoit des garanties contre l'entrée en France de ces marchandises. En retour, l'Allemagne accorde un traitement préférentiel aux produits sarrois, surtout aux produits de la métallurgie sarroise.

Un traité de commerce avec la Grèce a été conclu le 24 mars 1928, le Reichstag l'a ratifié le 31 mars, les concessions faites par l'Allemagne concernent surtout certains produits agricoles et les tapis, tandis que les concessions faites par la Grèce se rapportent en premier lieu aux produits industriels. Un traité d'amitié, de commerce et de navigation a été conclu avec le Siam le 7 avril 1928 : il remplace un arrangement économique en date du 28 février 1924 et il garantit aux produits allemands le traitement de la nation la plus favorisée. Les négociations avec la Pologne semblent progresser très lentement.

Depuis la publication du dernier Rapport, il n'y a eu que peu de changement dans la législation douanière du Reich. Une loi du 21 décembre 1927 a étendu les droits sur les moteurs et les châssis d'automobiles aux pièces expédiées en Allemagne pour être ensuite assemblées. Précédemment, les pièces détachées d'automobiles pouvaient en pénétrant sur le territoire du Reich être classées sous une rubrique comportant des droits moins élevés que les voitures achevées et un certain nombre de fabricants étrangers d'automobiles avaient profité de cet avantage établi par la législation douanière pour créer en Allemagne des ateliers procédant à l'assemblage des pièces détachées.

Le 30 mars 1928, deux lois formant une partie du programme gouvernemental pour l'assistance à l'agriculture ont été mises en vigueur. La première faisait tomber de 102.000 à 50.000 tonnes le contingent annuel de viande congelée susceptible d'être importé en franchise, tandis que la seconde étendait le système des licences d'importation en franchise aux porcs et à la viande de porc à partir du 15 avril 1928. On se rappellera que les licences d'importation en franchise (Einfuhrscheine) sont des certificats délivrés par l'administration douanière et relatifs à l'exportation de certains produits agricoles ; ces certificats sont acceptés en payement pour les droits de douane à l'importation sur les produits de même nature.

VIII. SITUATION ÉCONOMIQUE DE L'ALLEMAGNE.

Pendant les premiers mois de 1928, l'activité économique de l'Allemagne s'est maintenue aux environs du niveau élevé atteint à l'automne de 1927 et l'a même dépassé à certains égards. Plus récemment, toutefois, le volume de la production et du commerce a tendu à redescendre vers le niveau moins élevé qu'il atteignait il y a un an. Jusqu'à présent, toutefois, le mouvement descendant a été d'une trop courte durée pour qu'il puisse fournir une base permettant d'apprécier la situation dans son ensemble.

Les événements qui se sont produits dans d'autres directions suggèrent certaines conclusions d'ordre général. On se souviendra qu'au moment du dernier Rapport le crédit et l'activité économique étaient en voie d'expansion ; après un délai de six mois, il semble que le processus d'expansion ait maintenant atteint une phase assez avancée. Le relèvement général des traitements des fonctionnaires dont le signal a été donné par le Gouvernement allemand à l'automne dernier a, sans aucun doute, été un facteur déterminant de la tendance de l'activité économique dans ces derniers temps. Le relèvement des traitements des fonctionnaires dans toutes les branches des services publics depuis le Reich jusqu'auxcommunes, y compris l'Administration des Postes et les Chemins de fer allemands, a été suivi de demandes de relèvement de salaires dans le commerce et l'industrie. L'activité générale des affaires a rendu ces demandes singulièrement efficaces et le 1er mai 1928 les chiffres officiels des tarifs de salaires étaient de 6 % supérieurs à ce qu'ils étaient six mois auparavant. Ces augmentations et d'autres relèvements de salaires, s'ils s'appuyaient sur une saine évolution et sur un accroissement de la productivité pourraient, à la fois, offrir une aide et constituer un élément de reconstruction en relevant le niveau général d'existence et en développant la capacité d'absorption du marché intérieur.

Il est inquiétant, toutefois, qu'il y ait, selon les apparences, une tendance générale de la part de l'industrie à faire passer la charge de ces augmentations de salaires sur le consommateur. Cette tendance se manifeste également dans l'action récente de la Compagnie des Chemins de fer en vue d'appliquer des tarifs plus élevés afin de se procurer des fonds pour couvrir l'accroissement des dépenses d'exploitation causé en grande partie par le relèvement des traitements et des salaires ; la tendance des administrations des États et des communes à chercher dans des impôts supplémentaires les capitaux nécessaires à couvrir les augmentations de traitements peut s'interpréter dans le même sens. L'effet des relèvements de salaires immédiatement couverts à l'aide de prix plus élevés est, tout simplement, d'augmenter le coût de la vie et d'anéantir les résultats bienfaisants qui pourraient autrement être retirés d'une augmentation de salaire. Jusqu'au début de l'année courante, le niveau des prix des matières premières industrielles ne s'était relevé que légèrement depuis le milieu de l'année 1926 mais le relèvement récent des prix du charbon, du fer et de l'acier ainsi que la hausse des salaires augmenteront notablement, de toute nécessité, le prix de revient de la production industrielle allemande dans son ensemble. Longtemps avant même que ces augmentations n'aient eu le temps de se répercuter dans les prix des produits de consommation, ces prix augmentaient rapidement et atteignaient déjà un niveau qui annule en pratique les bienfaits que le consommateur aurait pu espérer retirer d'un processus pénible de rationalisation.

On peut se demander dans quelle mesure les prix peuvent continuer d'augmenter sans limiter le volume du commerce. Le relèvement du niveau des prix en Allemagne, à moins que des mesures artificielles ne soient tentées pour créer des prix différentiels à l'exportation, pourra difficilement empêcher un recul de l'amélioration pleine de promesses que l'on avait observée récemment dans le commerce allemand d'exportation. Quant au marché intérieur, les consommateurs ont déjà manifesté une certaine résistance vis-à-vis des prix et il est difficile, en conséquence, de concilier cette attitude avec une politique qui pousse actuellement au relèvement des prix.

L'industrie allemande est ainsi exposée à subir une pression des deux côtés. D'une part, elle a à faire face à un prix de revient plus élevé, d'autre part, la limitation de ses ventes s'oppose à une nouvelle augmentation des prix. Il est évidemment possible que la réorganisation que l'industrie a subie en 1925 et 1926 se poursuive et qu'un accroissement du rendement de la fabrication permette de résister aux répercussions de l'accroissement du prix de revient sans qu'il y ait lieu de procéder à un relèvement des prix. Il est permis de supposer, d'après les bénéfices de l'industrie en 1927 et les sommes consacrées aux amortissements, sommes calculées généreusement dans certains cas, qu'un tel rajustement peut se produire graduellement et volontairement. Dans ce cas, on éviterait un rajustement forcé avec les répercussions défavorables qu'il entraînerait pour la situation économique en général. Mais il est encore trop tôt pour prédire dans quel sens se fera ce développement.

A. VOLUME DE LA PRODUCTION.

De récentes régressions ont ramené le volume de la production en Allemagne du total extraordinaire atteint vers le 1er janvier presque à celui d'il y a un an, période également de grande activité. Jusqu'à présent, le déclin dans le volume de la production peut n'indiquer qu'une interruption dans le processus d'amélioration qui s'est maintenu d'une manière presque constante depuis le printemps 1926. De toute façon, les modifications se sont étendues jusqu'à présent sur une période trop brève pour permettre de tirer une conclusion en ce qui concerne la durée de cette tendance.

Pour être brefs, nous laisserons parler d'eux-mêmes dans ce chapitre les chiffres disponibles indiquant le volume actuel de la production et du commerce en Allemagne par comparaison avec le passé, sauf lorsque des développements particuliers exigent un commentaire spécial. Le graphique et le tableau suivants donnent les chiffres de l'indice de production de l'Office de Statistique du Reich qui porte sur 14 marchandises. C'est l'indice de production le

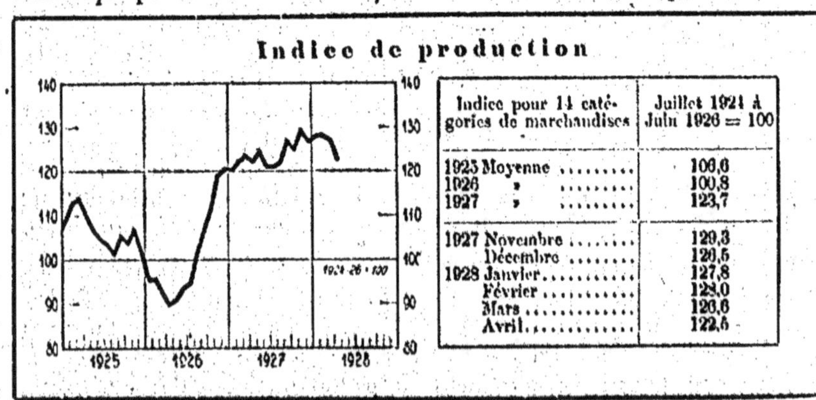

Indice pour 14 catégories de marchandises	Juillet 1924 à Juin 1926 = 100
1925 Moyenne	100,6
1926 »	100,8
1927 »	123,7
1927 Novembre	129,3
Décembre	126,5
1928 Janvier	127,8
Février	123,0
Mars	126,6
Avril	122,5

plus vaste faisant autorité en Allemagne, mais on ne peut dire qu'il soit absolument représentatif. Son mouvement général, toutefois, coïncide assez exactement avec la tendance des chiffres des industries qui font connaître, exprimé en quantité, le volume de leur production.

Le mouvement de la production dans les industries de base du fer, de l'acier et de la houille est conforme dans ses lignes générales à l'indice ci-dessus. Depuis le 1er janvier, ces industries ont procédé à des rajustements de prix qui affecteront nécessairement le coût de la production dans d'autres industries et influenceront aussi le coût de la vie. En janvier, le Syndicat de l'acier qui, en pratique, a le contrôle absolu de l'industrie de l'acier en Allemagne, a augmenté ses prix à la suite d'un relèvement des salaires, et en mai, un nouveau relèvement a suivi une hausse des prix du charbon. Le résultat de ces augmentations successives a été de relever de 6,7 % le prix de l'acier brut en lingots, de 5.2 % celui du fer en barres, de 7,8 % celui de la tôle épaisse et, en conséquence, celui des autres qualités d'acier. Le relèvement des prix du charbon officiellement autorisé est entré en vigueur le 1er mai et a été également affecté à des augmentations de salaires. Il a été établi de façon à procurer aux producteurs un bénéfice supplémentaire moyen de 1 reichsmark par tonne sur l'ensemble des ventes. Le prix du charbon tout venant a été relevé de 2 reichsmarks par tonne dans les districts charbonniers où la concurrence étrangère ne se fait pas sentir, de façon à pouvoir maintenir des prix susceptibles de lutter avec la concurrence dans les parties de l'Allemagne où l'on peut facilement se procurer du charbon étranger. Le prix des briquettes et du coke est resté inchangé.

Dans l'industrie du fer et de l'acier, les commandes provenant du marché intérieur ont, dit-on, diminué. D'autre part, les exportations d'acier et d'objets en acier ont fait ressortir une augmentation constante pendant ces derniers mois en relation avec une reprise de la demande d'acier sur le marché mondial. La consommation intérieure de charbon a entièrement marché de pair avec la production. Les exportations ont légèrement diminué par rapport à celles de l'année dernière, mais les stocks disponibles ont peu varié pendant les douze derniers mois.

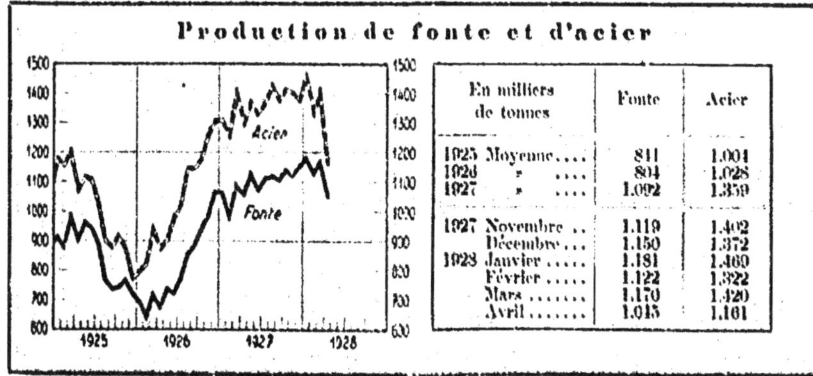

En milliers de tonnes	Fonte	Acier
1925 Moyenne....	811	1.001
1926 »	804	1.028
1927 »	1.092	1.359
1927 Novembre ..	1.119	1.402
Décembre....	1.150	1.372
1928 Janvier	1.181	1.460
Février	1.122	1.322
Mars	1.170	1.420
Avril........	1.013	1.161

Production de houille et de lignite

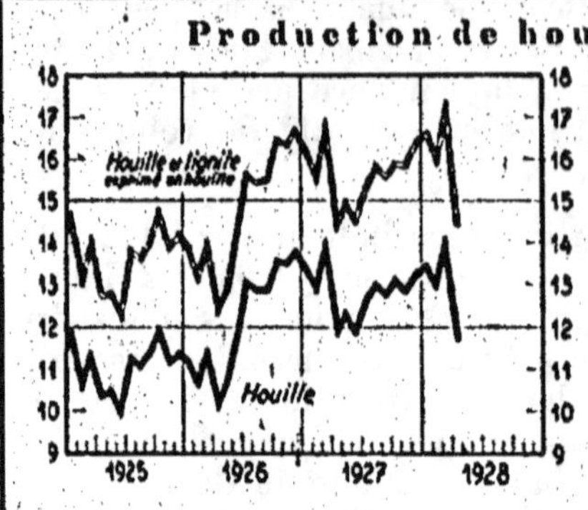

En millions de tonnes	Houille	Lignite	Houille et lignite exprimé par son équivalent en houille
1925 Moyenne	11,1	11,6	13,6
1926 »	12,1	11,6	14,7
1927 »	12,8	12,6	15,6
1927 Novembre	12,9	13,4	15,8
Décembre	13,2	14,1	16,4
1928 Janvier ..	13,4	14,2	16,6
Février ..	12,9	13,4	15,9
Mars	14,1	14,4	17,3
Avril	11,7	12,3	14,4

Activité de l'industrie du bâtiment

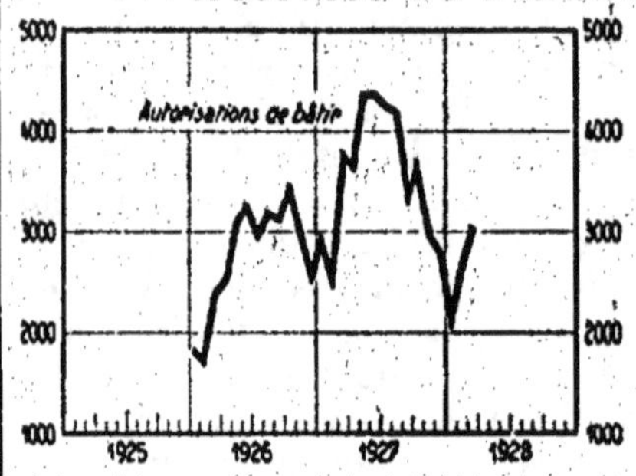

92 villes de plus de 50.000 habitants	Constructions terminées	Autorisations de bâtir
1926 Moyenne....	2.226	2.748
1927 »	2.699	3.553
1927 Octobre	3.333	3.659
Novembre ..	3.597	2.971
Décembre ..	4.329	2.790
1928 Janvier	2.678	2.075
Février	2.231	2.663
Mars	2.048	3.027

Production de textiles

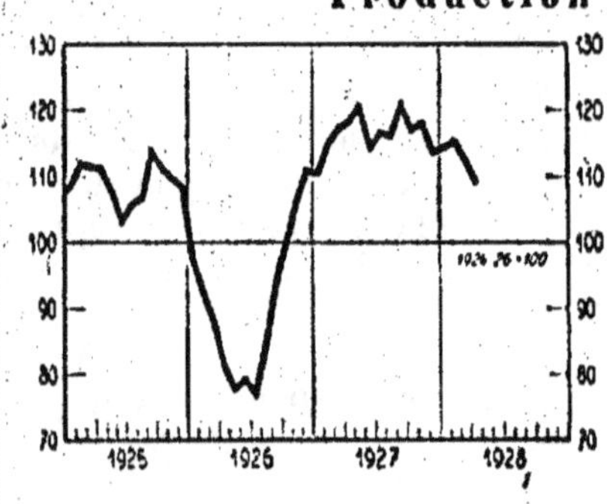

Indice de la production des fils et tissus de coton et de lin	Juillet 1924 à Juin 1926 = 100
1925 Moyenne	109,0
1926 »	90,8
1927 »	116,4
1927 Novembre	118,0
Décembre	113,6
1928 Janvier...........	114,4
Février	115,1
Mars	112,3
Avril............	109,0

Consommation industrielle d'électricité

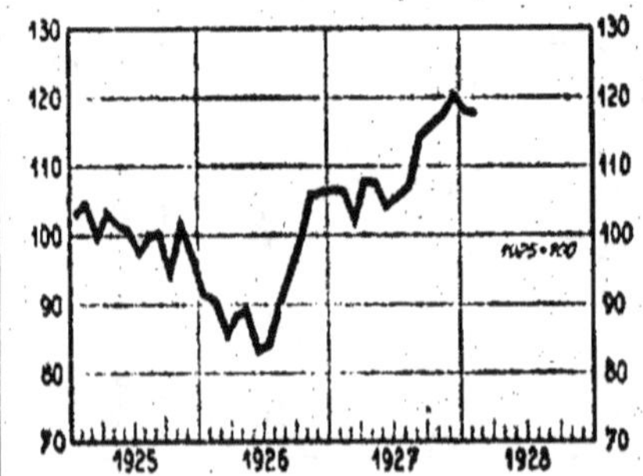

Distribution journalière de courant par kw. par 103 usines	1925 = 100
1925 Moyenne.........	100
1926 »	92,2
1927 »	109,4
1927 Octobre..........	115,7
Novembre.........	117,3
Décembre.........	120,2
1928 Janvier	118,2
Février	117,4
Mars	—

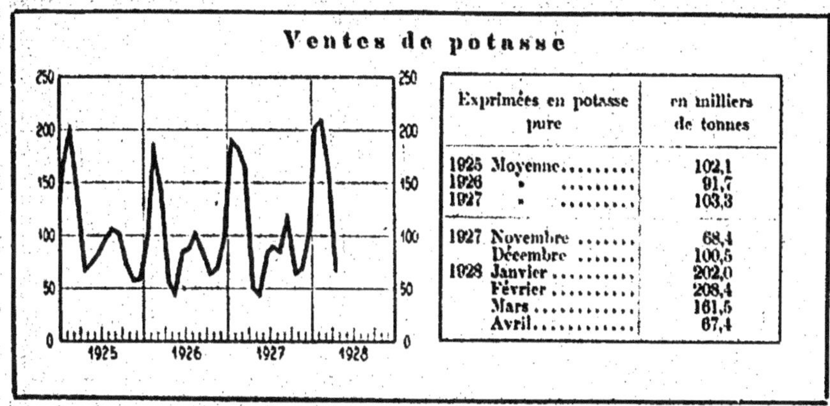

Ventes de potasse

Exprimées en potasse pure	en milliers de tonnes
1925 Moyenne..........	102,1
1926 »	91,7
1927 »	103,3
1927 Novembre	68,4
Décembre	100,5
1928 Janvier	202,0
Février	208,4
Mars	161,5
Avril..........	67,4

B. COMMERCE INTÉRIEUR ET CONSOMMATION.

Tandis que les statistiques les plus récentes indiquent un léger fléchissement dans le volume du commerce intérieur, celui-ci continue néanmoins, pour ce qui est des chiffres principaux, de se maintenir à un niveau un peu plus élevé qu'il y a un an. Les chiffres pour un grand nombre de branches du commerce remontent à un ou à deux mois ou même davantage lorsqu'ils sont disponibles; ils mettent donc un certain temps pour faire apparaître les modifications qui se produisent dans la tendance générale du commerce. Les chiffres dont on dispose confirment toutefois les indices fournis par le volume de la circulation monétaire et les différents chiffres relatifs à la production qui font ressortir le niveau élevé atteint actuellement par l'activité économique. Le mouvement des wagons de marchandises, par exemple, a subi la hausse saisonnière habituelle depuis le début de l'année et, jusqu'à une époque très récente, il se maintenait à un niveau de 3 à 4% plus élevé qu'il y a un an. Les opérations de compensations à la Reichsbank sont de 15 à 20% supérieures à ce qu'elles étaient il y a un an et le mouvement des chèques postaux de 10 à 15% supérieur. Il convient de le noter, étant donné qu'il y a un an l'essor économique se développait rapidement et que le marché des valeurs était exceptionnellement actif. L'indice de l'Office de Statistique du Reich pour les commandes de l'industrie, qui est limité à cinq industries, montre, d'autre part, que les commandes sont légèrement inférieures à ce qu'elles étaient il y a un an.

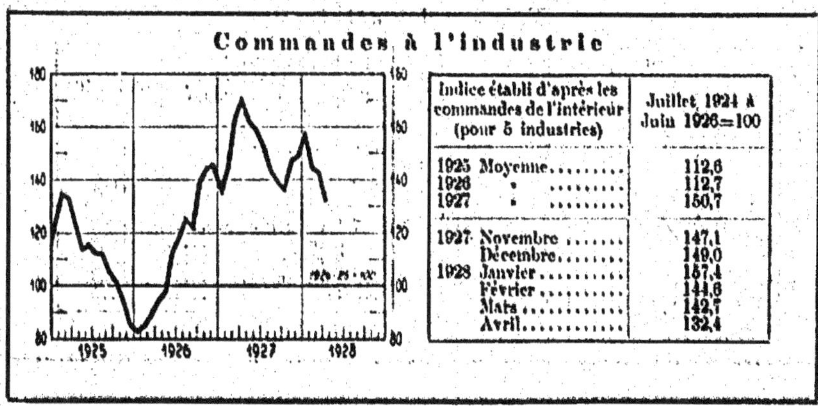

Commandes à l'industrie

Indice établi d'après les commandes de l'intérieur (pour 5 industries)	Juillet 1924 à Juin 1926 = 100
1925 Moyenne..........	112,6
1926 »	112,7
1927 »	150,7
1927 Novembre	147,1
Décembre........	149,0
1928 Janvier	157,4
Février	144,6
Mars	142,7
Avril..........	132,4

Trafic ferroviaire

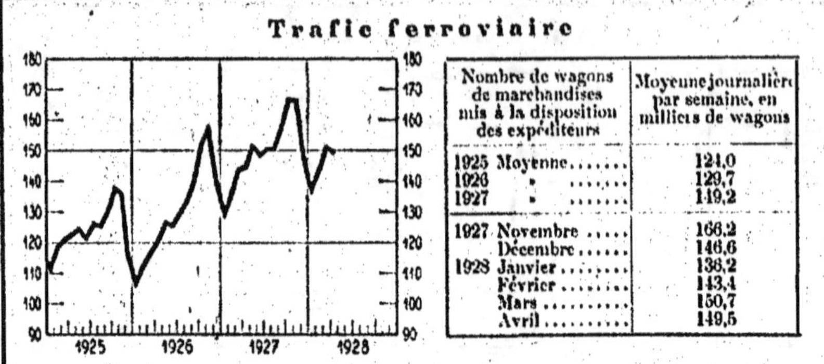

Nombre de wagons de marchandises mis à la disposition des expéditeurs	Moyenne journalière par semaine, en milliers de wagons
1925 Moyenne......	124,0
1926 »	129,7
1927 »	149,2
1927 Novembre	166,2
Décembre	146,6
1928 Janvier	138,2
Février	143,4
Mars	150,7
Avril	149,5

Trafic postal

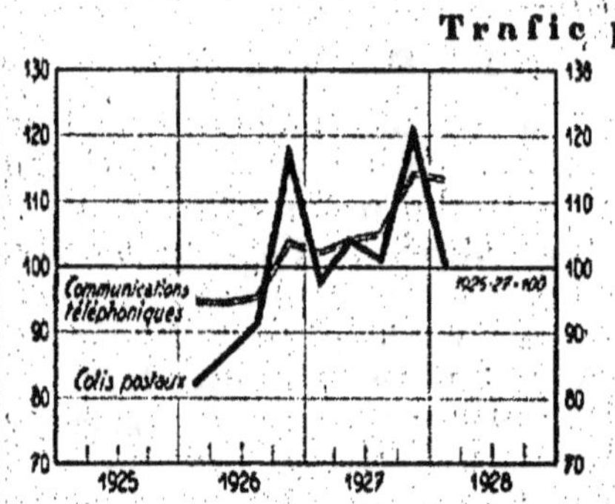

Moyenne de 1925/27 = 100	Paquets expédiés	Communications téléphoniques
1925 Moyenne	99,8	96,8
1926 »	94,3	93,9
1927 »	105,9	106,3
1927 Premier trimestre	97,4	102,2
Second »	103,0	101,1
Troisième »	101,1	104,9
Quatrième »	121,0	114,2
1928 Premier »	100,2	113,3

Compensations

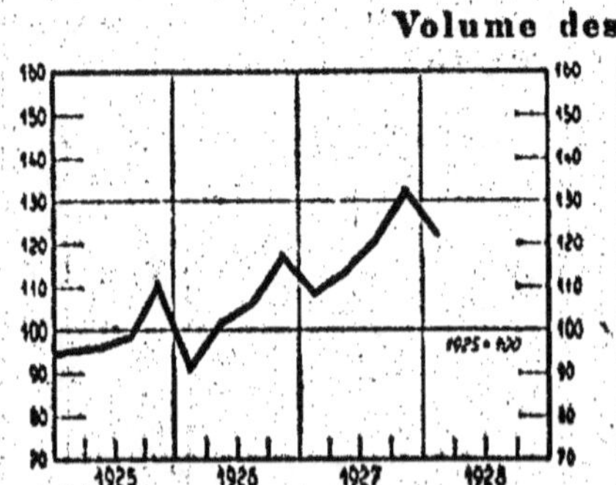

Total mensuel en milliards de reichsmarks	Compensations à la Reichsbank	Mouvement des chèques postaux
1925 Moyenne	5,3	9,2
1926 »	7,0	9,6
1927 »	8,7	11,3
1927 Décembre	9,5	12,9
1928 Janvier	10,1	12,5
Février	8,9	--11,0
Mars	10,2	11,8
Avril	9,6	11,8
Mai	10,1	—

Volume des affaires

Évaluation d'après le rendement trimestriel de l'impôt sur le chiffre d'affaires	1925 = 100
1925 Moyenne trimestrielle	100,0
1926 » »	103,8
1927 » »	118,4
1927 Premier trimestre.....	108,3
Second »	112,9
Troisième »	120,8
Quatrième »	131,9
1928 Premier »	122,0

Les chiffres du commerce de détail dont on dispose jusqu'à présent se rapportent seulement à la période allant jusqu'à la fin de mars 1928. Les ventes au détail ont fidèlement reproduit les tendances saisonnières des années antérieures, mais à un niveau sensiblement plus élevé. De même, les chiffres de la consommation ne vont pas au delà du premier trimestre de 1928. L'accroissement de la consommation de viande est particulièrement accentué. Les autres postes indiquent, en partie pour des raisons techniques, de fortes fluctuations saisonnières qui, toutefois, n'affectent pas l'augmentation très nette que l'on constate d'une année sur l'autre.

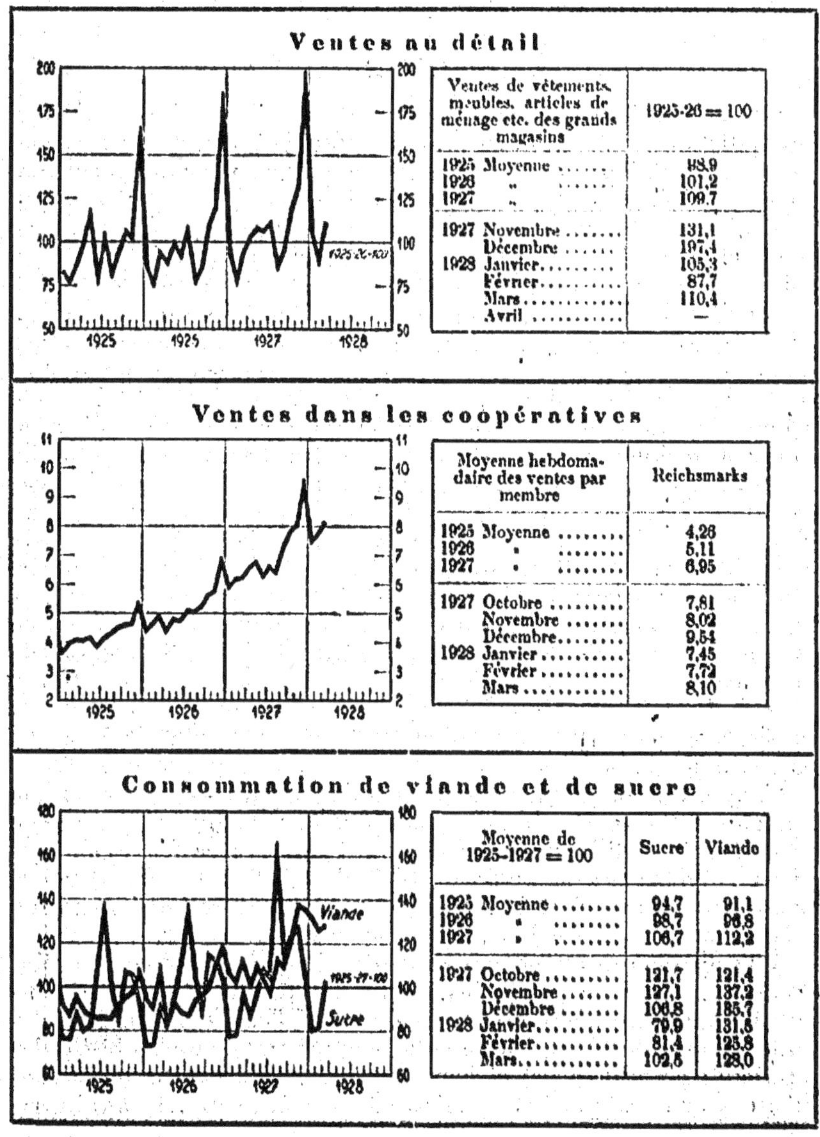

Ventes au détail

Ventes de vêtements, meubles, articles de ménage etc. des grands magasins	1925-26 = 100
1925 Moyenne	88,9
1926 "	101,2
1927 "	109,7
1927 Novembre	131,1
Décembre	107,4
1928 Janvier.........	105,3
Février..........	87,7
Mars.............	110,4
Avril	—

Ventes dans les coopératives

Moyenne hebdomadaire des ventes par membre	Reichsmarks
1925 Moyenne	4,28
1926 "	5,11
1927 "	6,95
1927 Octobre	7,81
Novembre	8,02
Décembre.........	9,54
1928 Janvier.........	7,45
Février.........	7,72
Mars	8,10

Consommation de viande et de sucre

Moyenne de 1925-1927 = 100	Sucre	Viande
1925 Moyenne	94,7	91,1
1926 "	98,7	96,8
1927 "	106,7	112,2
1927 Octobre	121,7	121,4
Novembre	127,1	137,2
Décembre	106,8	185,7
1928 Janvier.........	79,9	131,5
Février.........	81,4	125,8
Mars.........	102,6	128,0

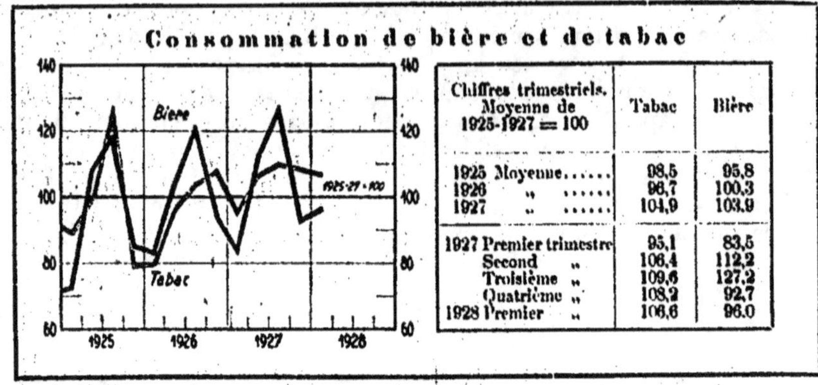

Chiffres trimestriels. Moyenne de 1925-1927 = 100	Tabac	Bière
1925 Moyenne......	98,5	95,8
1926 ,, ...	96,7	100,3
1927 ,, ...	104,9	103,9
1927 Premier trimestre	95,1	83,5
Second ,,	106,4	112,2
Troisième ,,	109,6	127,2
Quatrième ,,	108,2	92,7
1928 Premier ,,	106,6	96.0

C. TRAVAIL.

Si l'on se réfère aux chiffres des chômeurs portés dans les diverses statistiques relatives aux allocations, le chômage a été, au cours de l'hiver 1927-28, beaucoup moins aigu que pendant aucun des hivers précédents et, en fait, l'amélioration a été encore plus accentuée. La diminution saisonnière depuis le mois de janvier a porté le nombre des chômeurs secourus par les autorités publiques, soit sous la forme d'allocations, soit sous celle de travaux de secours, à un chiffre inférieur d'environ 250.000 unités à celui d'il y a un an. En comparant les chiffres, on sous-estime ce développement plutôt qu'on ne le surestime, parce que la nouvelle loi sur les assurances contre le chômage, qui est entrée en vigueur en octobre 1927, a une application plus étendue que l'ancien sytème et parce qu'elle a, sans aucun doute, amené une certaine augmentation du nombre des personnes touchant des allocations. Une personne assurée, par exemple, n'est pas tenue de prouver qu'elle est nécessiteuse pour obtenir une allocation, et les dispositions relatives aux ouvriers âgés de moins de 18 ans sont plus larges que précédemment. De plus, beaucoup de travailleurs saisonniers, y compris les ouvriers agricoles qui ne touchaient pas d'allocation conformément à l'ancien système, peuvent désormais s'assurer et profiter des dispositions de la nouvelle loi. La mesure exacte dans laquelle ces éléments ont contribué à accroître le chiffre des allocations ne peut être déterminée, mais on l'évalue entre 5 et 10 %, cette proportion dépendant en partie des saisons.

L'augmentation annuelle du nombre des travailleurs en Allemagne à l'heure actuelle est évaluée à 400.000 unités environ. Si l'on ajoute ce chiffre à la diminution du chômage par rapport à l'année dernière, il en résulte une augmentation de 650.000 à 700.000 unités par rapport au nombre de personnes effectivement occupées en cette saison pendant l'année 1927.

A l'exception des syndicats du bâtiment et des syndicats de l'industrie textile, tous les syndicats ouvriers qui fournissent des indications sur la situation du chômage ont indiqué au mois d'avril des pourcentages moins élevés qu'un an auparavant pour le chiffre des ouvriers sans travail parmi leurs membres. 14 % environ des membres des syndicats ouvriers du bâtiment chômaient à la fin d'avril

1928 contre 13 % environ l'année précédente et, dans les syndicats ouvriers de l'industrie textile, il y avait 5,5 % environ de chômeurs contre 4 % il y a un an. Il faut observer que le nombre des chômeurs partiels n'a pas subi la diminution saisonnière habituelle, mais a continué d'augmenter depuis le niveau peu élevé atteint en octobre dernier.

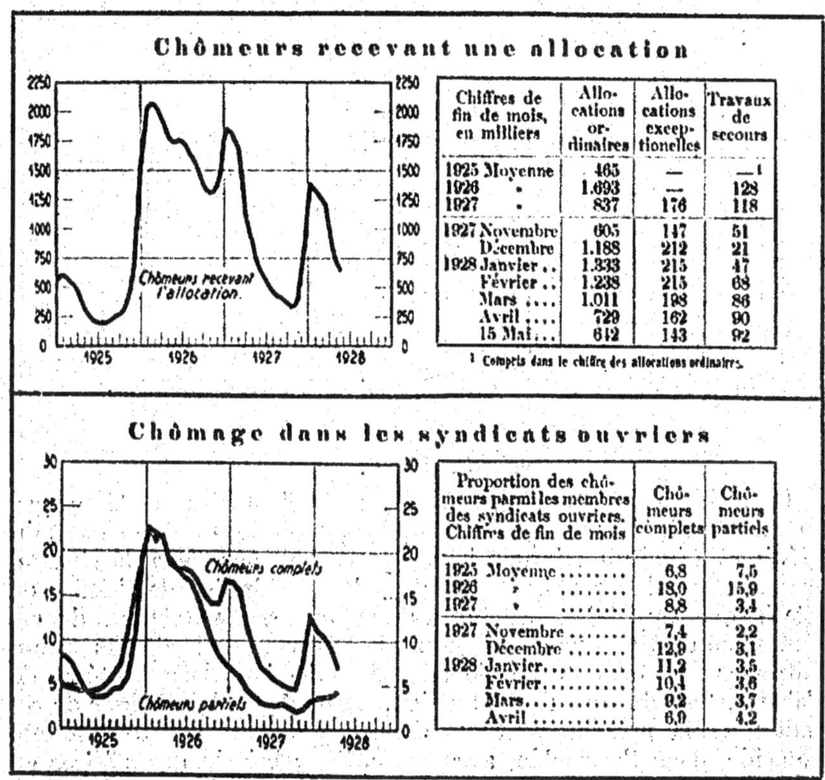

Chômeurs recevant une allocation

Chiffres de fin de mois, en milliers	Allocations ordinaires	Allocations exceptionelles	Travaux de secours
1925 Moyenne	465	—	—[1]
1926 »	1.693	—	128
1927 »	837	176	118
1927 Novembre	605	147	51
Décembre	1.188	212	21
1928 Janvier ..	1.333	215	47
Février ..	1.238	215	68
Mars	1.011	198	86
Avril	729	162	90
15 Mai...	612	143	92

[1] Compris dans le chiffre des allocations ordinaires.

Chômage dans les syndicats ouvriers

Proportion des chômeurs parmi les membres des syndicats ouvriers. Chiffres de fin de mois	Chômeurs complets	Chômeurs partiels
1925 Moyenne	6,8	7,5
1926 »	18,0	15,9
1927 »	8,8	3,4
1927 Novembre	7,4	2,2
Décembre	12,9	3,1
1928 Janvier...........	11,2	3,5
Février...........	10,4	3,6
Mars.............	9,2	3,7
Avril	6,9	4,2

Conjointement à l'extension de l'activité industrielle et de la situation généralement favorable en ce qui concerne le chômage, il y a eu des demandes fréquentes d'augmentation de salaires. Au printemps, de nombreuses conventions relatives aux échelles de salaires sont venues à expiration et des relèvements ou des revisions se sont révélés nécessaires. Dans certaines occasions, les demandes de salaires ont provoqué des grèves et des lock-outs et elles ont eu presque invariablement pour conséquence des augmentations de salaires prononcées en général par des sentences arbitrales. Fréquemment, les sentences arbitrales en question n'ont pas semblé acceptables soit aux employeurs, soit aux salariés, mais elles ont été déclarées obligatoires par le Ministre du Travail du Reich. Parmi les changements notables des six derniers mois, il y a eu des augmentations de salaires d'environ 5,7 % dans l'industrie du fer, de l'acier et dans les industries de transformation et d'environ 7,5 % dans les mines de charbon. Dans ces deux cas, les augmentations ont été suivies à peu de distance d'une hausse des prix de sorte que les augmentations ont été supportées dans une large mesure par le consommateur ou par les industries de transformation. D'autres augmentations récentes sont celles concernant les salaires des cheminots et des ouvriers de l'Administration des postes. Le résultat de ces augmentations de salaires et d'autres augmentations de salaires a été de relever, entre le 1er novembre 1927 et le 1er mai 1928, le niveau moyen des salaires prévu par les tarifs, de 5,8% pour les ouvriers qualifiés et de 6,4% pour les ouvriers non qualifiés.

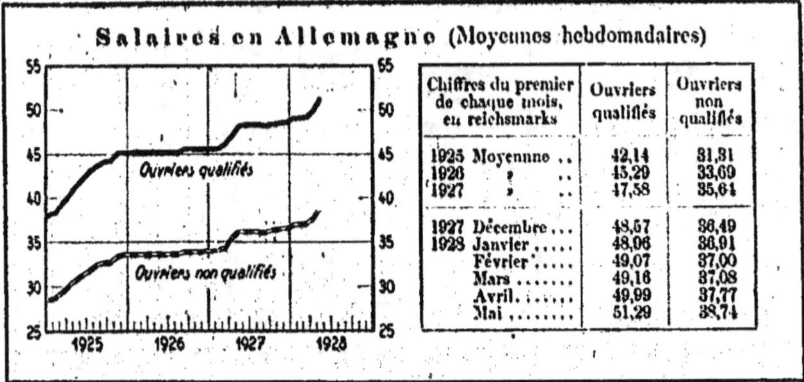

Salaires en Allemagne (Moyennes hebdomadaires)

Chiffres du premier de chaque mois, en reichsmarks	Ouvriers qualifiés	Ouvriers non qualifiés
1925 Moyenne ..	42,14	31,31
1926 » ..	45,20	33,69
1927 » ..	47,58	35,64
1927 Décembre ...	48,57	36,49
1928 Janvier	48,06	36,91
Février	49,07	37,00
Mars	49,16	37,08
Avril	49,99	37,77
Mai	51,29	38,74

D. PRIX.

Le récent mouvement des prix des marchandises en Allemagne présente un intérêt marqué en ce qui concerne le développement du crédit et l'évolution industrielle que nous avons déjà décrits. Le niveau général des prix de gros a, d'après l'indice de l'Office de Statistique du Reich, atteint aujourd'hui son maximum depuis l'automne de 1925, date où l'industrie allemande n'avait pas encore entrepris la tâche ardue de sa réorganisation dans l'intérêt de l'abaissement du coût de production. La tendance à la hausse de cet indice a été presque continue depuis le milieu de 1926 et elle coïncide, dans l'ensemble, avec la reprise générale des affaires en Allemagne. Mais il est remarquable que la hausse la plus récente se soit produite à un moment où on signalait des interruptions dans le développement du commerce et de l'industrie. Les changements les plus récents n'ont pas affecté jusqu'ici l'indice du coût de la vie qui est demeuré stable depuis qu'il a atteint son point culminant en décembre dernier.

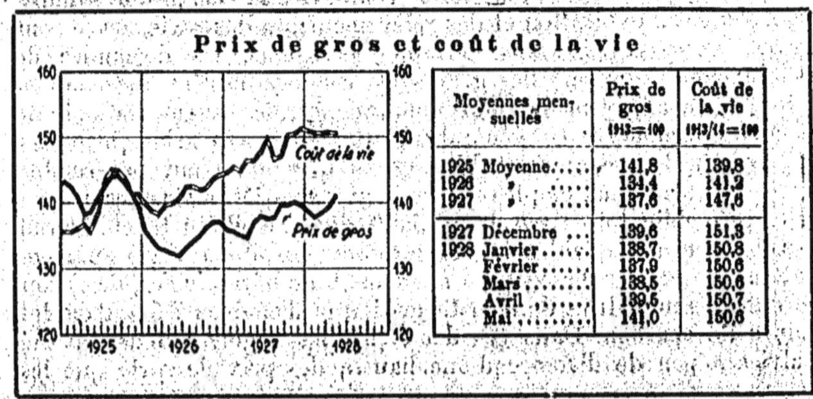

Prix de gros et coût de la vie

Moyennes mensuelles	Prix de gros 1913 = 100	Coût de la vie 1913/14 = 100
1925 Moyenne......	141,8	139,8
1926 »	134,4	141,2
1927 »	137,6	147,6
1927 Décembre ...	139,6	151,3
1928 Janvier......	138,7	150,8
Février	137,9	150,6
Mars	138,5	150,6
Avril	139,5	150,7
Mai	141,0	150,6

Les tendances que met en lumière le mouvement de l'indice des
prix de gros appellent une analyse plus détaillée. On se rappellera,
d'après les derniers Rapports, que nous avons souligné le fait que
la hausse générale des prix en 1927 représentait surtout une hausse
pour la catégorie principale de marchandises, à savoir les produits
manufacturés. Les prix des produits agricoles, par contre, tendaient
à la baisse depuis le début de 1927 et la hausse n'avait été que
légère pour les matières premières industrielles. Jusqu'à présent,
en 1928, les prix des produits manufacturés ont continué de se
relever, et, tout récemment, les prix des matières premières industrielles ont augmenté aussi. Les prix des produits agricoles
qui avaient continué de baisser pendant les deux premiers mois de
1928 viennent de se relever et ont sensiblement atteint le point où
ils se trouvaient à la fin de l'année dernière. L'élément essentiel dans
l'augmentation générale des prix, à la fois en 1928 et en 1927, est
donc la hausse des produits manufacturés ainsi qu'une certaine
augmentation pour ce qui est des matières premières de l'industrie.
En ce qui concerne le développement de l'indice des produits
manufacturés lui-même, il provient en grande partie de la hausse
des prix des articles passant directement à la consommation sans
subir de transfo.. .ttion.

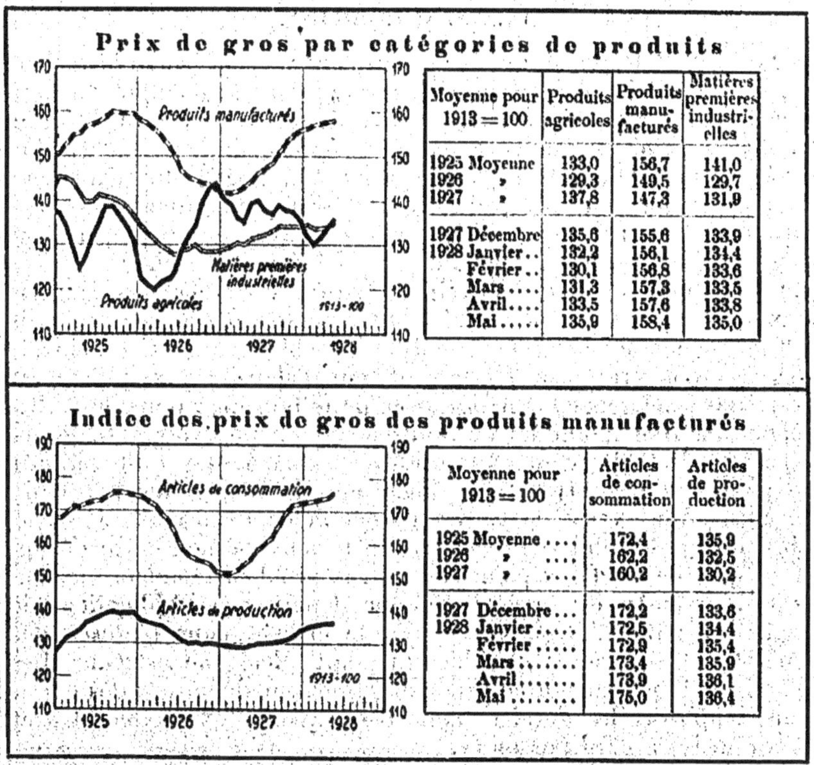

Moyenne pour 1913 = 100	Produits agricoles	Produits manu-facturés	Matières premières industri-elles
1925 Moyenne	133,0	156,7	141,0
1926 »	129,3	149,5	129,7
1927 »	137,8	147,3	131,9
1927 Décembre	135,6	155,6	133,9
1928 Janvier..	132,2	156,1	134,4
Février..	130,1	156,8	133,6
Mars....	131,3	157,3	133,5
Avril....	133,5	157,6	133,8
Mai.....	135,9	158,4	135,0

Moyenne pour 1913 = 100	Articles de con-sommation	Articles de pro-duction
1925 Moyenne	172,4	135,9
1926 »	162,2	132,5
1927 »	160,2	130,2
1927 Décembre...	172,2	133,6
1928 Janvier.....	172,5	134,4
Février.....	172,9	135,4
Mars........	173,4	135,9
Avril.......	173,9	136,1
Mai........	175,0	136,4

Il reste à comparer brièvement le mouvement des prix de gros
pour un nombre restreint de marchandises de base tels que les
mettent en lumière les indices établis pour l'Allemagne, la Grande-

Bretagne et les États-Unis. L'indice pour l'Allemagne a été établi par le Service Économique du Comité des Transferts, les indices relatifs aux deux autres pays l'ont été par la Federal Reserve Bank de New-York. Les récentes fluctuations sont dues principalement à la hausse des prix pour les produits agricoles. Aucun de ces indices ne comprend de produits manufacturés.

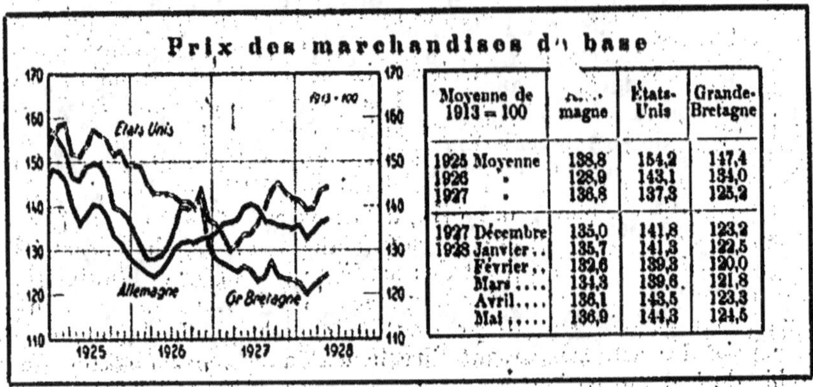

Moyenne de 1913 = 100	Allemagne	États-Unis	Grande-Bretagne
1925 Moyenne	138,8	154,2	147,4
1926 »	128,9	143,1	134,0
1927 »	136,8	137,3	125,2
1927 Décembre	135,0	141,8	123,2
1928 Janvier..	135,7	141,3	122,5
Février..	132,6	139,3	120,0
Mars....	134,3	139,6	121,8
Avril....	136,1	143,5	123,3
Mai	136,9	144,3	124,5

IX. CONCLUSIONS.

Le présent Rapport, avec ceux qui l'ont précédé, fait l'historique de ce qui a été accompli jusqu'à présent dans l'exécution du Plan des Experts. Essentiellement, l'œuvre du Plan a été de rétablir la confiance et de permettre la mise en marche de la reconstruction économique l'Allemagne. Le Plan a marqué ainsi le tournant dans la reconstruction de l'Europe, et il a également atteint son objet primordial, en assurant, dès le début, les payements de réparations prévus et les transferts aux Puissances créancières. Mais le succès du Plan ne doit pas obscurcir sa nature véritable. Les Experts eux-mêmes n'ont pas préconisé le Plan comme une fin en soi, mais plutôt comme le moyen de résoudre un problème urgent et d'obtenir des résultats pratiques. Ils se sont tout d'abord proposé d'assurer le recouvrement par les Alliés de la dette de réparations de l'Allemagne et, d'un point de vue plus large, de pourvoir à la reconstruction de l'Allemagne, non seulement comme moyen de garantir le payement des réparations, mais aussi comme « une partie du problème plus vaste de la reconstruction de l'Europe ». J'estime, ainsi que je l'ai indiqué dans les conclusions de mon dernier Rapport, que, de ces deux points de vue, le problème fondamental qui reste à résoudre est la détermination définitive des obligations de réparations de l'Allemagne, et que le mieux, dans l'intérêt des Puissances créancières aussi bien que de l'Allemagne, est pour elles d'arriver d'un commun accord à un règlement définitif « dès que », pour employer les derniers mots des Experts, « les circonstances rendront cet accord possible ».

Recevez, Messieurs, l'assurance de ma respectueuse considération.

S. PARKER GILBERT,
Agent Général des Payements de Réparations.

TABLEAU I.

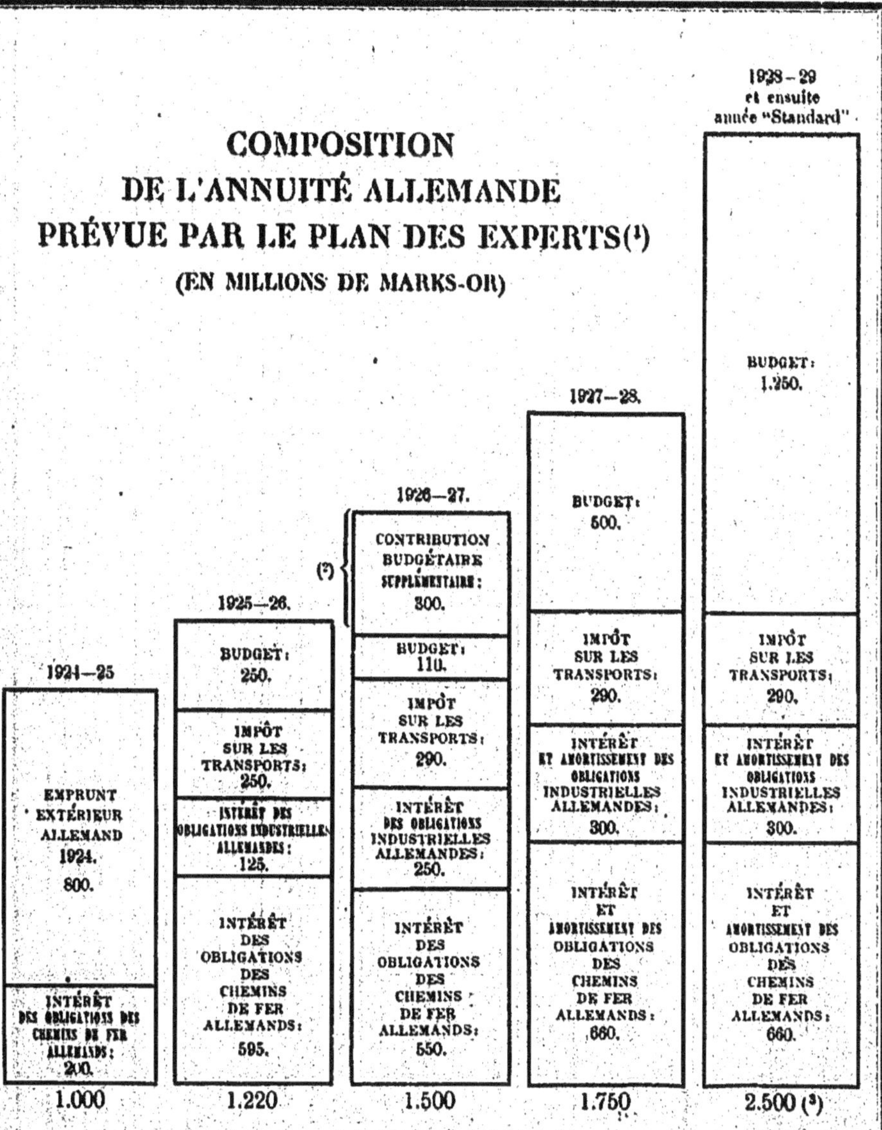

(¹) Année d'application du Plan : 1er septembre au 31 août.

(²) Le Plan des Experts fixait la troisième annuité à 1.200 millions de marks-or. Il prévoyait toutefois deux contributions supplémentaires éventuelles payables sur le budget allemand pour la quatrième et la cinquième annuités, d'un montant global de 500 millions de marks-or. En vertu d'un arrangement entre la Commission des Réparations et le Gouvernement allemand, les deux contributions supplémentaires éventuelles ont été remplacées par un seul payement fixe de 300 millions de marks-or effectué au cours de la troisième année d'application du Plan.

(³) Somme susceptible d'être augmentée à partir de 1929—30 conformément à l'indice de prospérité indiqué dans le Plan.

TABLEAU II.

RÉPARTITION REVISÉE DE LA TROISIÈME ANNUITÉ INDIQUANT LES QUOTES-PARTS RESPECTIVES DES PUISSANCES.

(En milliers de marks-or.)

	FRAIS DES ARMÉES D'OCCUPATION		DETTE DE GUERRE de la Belgique	RESTITUTIONS	CRÉANCES MIXTES de l'Amérique	RÉPARATIONS	QUOTE-PART TOTALE
	Arriérés	Frais courants					
1. France	10.688	100.000	27.000	7.217	—	600.784	745.689
2. Empire Britannique	8.062	24.525	23.186	163	—	253.078	309.014
3. Italie	—	—	—	139	—	97.297[b]	97.436
4. Belgique	—	15.000	8.650	3.609	—	48.655[a]	75.914
5. État Serbe-Croate-Slovène	—	—	—	116	—	48.643[b]	48.759
6. États-Unis d'Amérique	55.000	—	—	—	24.887	—	79.887
7. Roumanie	—	—	—	314	—	11.942	12.256
8. Japon	—	—	—	—	—	8.272	8.272
9. Portugal	—	—	—	—	—	8.223	8.223
10. Grèce	—	—	—	—	—	4.330	4.330
11. Pologne	—	—	—	209	—	—	209
Totaux	73.750	139.525	58.836	11.767	24.887	1.081.224	1.389.989

	QUOTE-PART TOTALE
Service de l'Emprunt Extérieur Allemand	91.340
Coût des Commissions Interalliées	12.190
Bonification sur les intérêts des chemins de fer	6.481
Total de la troisième Annuité	1.500.000

a. Conformément aux articles 6 B et C de l'Accord des Ministres des Finances du 14 janvier 1925, la part de la Belgique a été diminuée de 3,5 % et le montant ainsi disponible a été alloué à la France et à l'Empire britannique dans les proportions de 52 et 22.

b. Conformément à l'article 20 de l'Accord des Ministres des Finances du 14 janvier 1925, une déduction de 10 % a été opérée sur les parts de l'Italie et de la Serbie. Les montants rendus ainsi disponibles ont été répartis entre les Puissances ayant des arriérés sur la base des pourcentages provisoires notifiés par la Commission des Réparations.

TABLEAU III.
RÉPARTITION REVISÉE DE LA QUATRIÈME ANNUITÉ INDIQUANT LES QUOTES-PARTS RESPECTIVES DES PUISSANCES.

(En milliers de marks-or.)

	FRAIS DES ARMÉES D'OCCUPATION		DETTE DE GUERRE de la Belgique	RESTITUTIONS	CRÉANCES MIXTES de l'Amérique	RÉPARATIONS	QUOTE-PART TOTALE
	Arriérés	Frais courants					
1. France	17.100	100.000	32.662	8.731	—	726.765	885.258
2. Empire Britannique	12.900	20.570	28.047	197	—	306.148	367.862
3. Italie	—	—	—	169	—	117.699 b	117.868
4. Belgique	—	13.800	10.464	4.365	—	58.858 a	87.487
5. État Serbe-Croate-Slovène	—	—	—	140	—	58.844 b	58.984
6. États-Unis d'Amérique	55.000	—	—	—	30.106	—	85.106
7. Roumanie	—	—	—	380	—	14.446	14.826
8. Japon	—	—	—	—	—	10.006	10.006
9. Portugal	—	—	—	—	—	9.947	9.947
10. Grèce	—	—	—	—	—	5.238	5.238
11. Pologne	—	—	—	253	—	—	253
Totaux	85.000	134.370	71.173	14.235	30.106	1.307.951	1.642.835

Intérêts perçus (moins perte au change) compris dans la répartition ci-dessus	747
	1.642 088
Service de l'Emprunt Extérieur Allemand	90.700
Coût des Commissions Interalliées	10.335
Bonification sur le service des obligations des chemins de fer et des obligations industrielles	6.877
Total de la quatrième Annuité	1.750.000

a. Conformément aux articles 6 B et C de l'Accord des Ministres des Finances du 14 janvier 1925, la part de la Belgique a été diminuée de 3,5 %, et le montant ainsi disponible a été alloué à la France et à l'Empire britannique dans les proportions de 52 et 22.

b. Conformément à l'article 20 de l'Accord des Ministres des Finances du 14 janvier 1925, une déduction de 10 % a été opérée sur les parts de l'Italie et de la Serbie. Les montants rendus ainsi disponibles ont été répartis entre les Puissances ayant des arriérés sur la base des pourcentages provisoires notifiés par la Commission des Réparations.

TABLEAU IV.

BILAN DE L'AGENT GÉNÉRAL DES PAYEMENTS DE RÉPARATIONS — 31 MAI 1928.

ACTIF	MARKS-OR
I. — Soldes en banque et autres fonds disponibles à vue évalués au taux de l'or fin	162.455.704,63
II. — Fonds d'annuité produits, mais non échus	154.172.000,—
III. — Payements anticipés. — Avances aux Trustees de l'emprunt extérieur allemand 1024	3.799.345,85
IV. — Intérêts acquis	1.397.272,85
Total	**321.824.323,33**

PASSIF	MARKS-OR	MARKS-OR
V. — Sommes à payer:		
a. Réparation Recovery Acts — soldes dus aux exportateurs allemands, y compris les perceptions des Gouvernements français et britannique, sur la base de leurs certificats	3.278.757,74	
b. Livraisons de charbon, de coke et de lignite, (y compris le transport) suivant les informations fournies ou les traites émises par les représentants nationaux	12.540.330,90	
c. Livraisons de matières colorantes et de produits pharmaceutiques..........................	185.653,53	
d. Livraisons d'engrais chimiques et de produits azotés	161.271,41	
e. Livraisons de sous-produits du charbon	604.449,40	
f. Livraisons de terres réfractaires.............	9.981,16	
g. Livraisons de produits agricoles	93.670,12	
h. Livraisons de bois..........................	894.654,05	
i. Livraisons diverses	9.749.217,87	27.017.985,68
VI. — Puissances alliées et associées. — Fonds attribués et non couverts par des payements ou des engagements, calculés sur la base des tableaux de répartition des annuités provisoirement adoptés par la Commission des Réparations:		

	Fonds affectés en vertu de contrats approuvés	Fonds non affectés	
a. France....................	78.597.583,15	38.166.423,52	
b. Empire Britannique.........	—	9.184,63	
c. Italie	791.340,81	1.012.099,53	
d. Belgique	4.441.512,05	14.067,18	
e. État Serbe-Croate-Slovène...	3.959.721,75	896.414,85	
f. États-Unis d'Amérique......	—	125,25	
g. Roumanie	890.000,—	180.578,17	
h. Japon.....................	904.404,—	4.055.942,26	
i. Portugal	14.994,—	1.558,12	
j. Grèce.....................	2.622.467,—	12.666,71	
k. Pologne	—	9.683,24	
	92.222.022,76	43.858.743,46	186.080.766,22

PASSIF	MARKS-OR	MARKS-OR
VII. Fonds non attribués:		
a. Fonds d'annuité produits, mais non échus (voir ci-contre)..........................	154.172.000,—	
b. Fonds affectés à des charges de priorité, mais n'ayant pas ou à être employés	1.304.265,21	
c. Intérêts produits et différences de change	3.249.306,22	158.725.571,43
Total...		**321.824.323,33**

TABLEAU

ÉTAT INDIQUANT LES RECETTES ET LES PAYEMENTS POUR LA PÉRIODE ALLANT DU

RECETTES	MARKS-OR
I. Complément de la Troisième Annuité:	
a. Impôt sur les transports	20.000.000,—
b. Obligations de réparations des chemins de fer — Intérêts payés par la Compagnie des Chemins de fer allemands ..	55.000.000,—
II. Au compte de la Quatrième Annuité:	
a. Contribution budgétaire	375.000.000,—
b. Impôt sur les transports	193.828.000,—
c. Obligations de réparations des chemins de fer — Payements pour intérêts et amortissement effectués par la Compagnie des Chemins de fer allemands....................	440.000.000,—
d. Obligations industrielles — Payements pour intérêts et amortissement effectués par la Banque pour les Obligations Industrielles	150.000.000,—
III. Intérêts encaissés	2.069.682,29
Total des recettes	1.285.897.682,29
IV. Soldes en banque et autres fonds disponibles à vue le 1er septembre 1927	185.487.192,84
A reporter....	1.420.884.875,13

V.

DE L'AGENT GÉNÉRAL DES PAYEMENTS DE RÉPARATIONS 1er SEPTEMBRE 1927 AU 31 MAI 1928.

PAYEMENTS	MARKS-OR	MARKS-OR
V. Puissances alliées et associées:		
a. FRANCE:		
1. Marks fournis à l'armée d'occupation ...	18.214.484,64	
2. Prestations à l'armée d'occupation en vertu des Articles 8 à 12 de l'Arrangement rhénan	13.163.648,05	
3. Fournitures dans la Ruhr	8.248.679,26	
4. Reparation Recovery Act	39.850.021,86	
5. Livraisons de charbon, de coke et de lignite, y compris le transport	128.576.041,39	
6. Livraisons de matières colorantes et de produits pharmaceutiques.............	4.584.875,55	
7. Livraisons d'engrais chimiques et de produits azotés	23.503.018,49	
8. Livraisons de sous-produits du charbon..	4.545.720,20	
9. Livraisons de terres réfractaires.......	244.267,94	
10. Livraisons de produits agricoles........	30.083.779,85	
11. Livraisons de bois.............	13.495.378,10	
12. Livraisons de sucre	17.395.775,70	
13. Livraisons diverses	132.858.059,53	
14. Payements divers	675.000,—	
15. Transferts d'espèces en monnaies étrangères.............	179.677.080,54	614.116.731,10
b. EMPIRE BRITANNIQUE:		
1. Marks fournis à l'armée d'occupation ...	7.453.793,67	
2. Prestations à l'armée d'occupation en vertu des Articles 8 à 12 de l'Arrangement rhénan	2.014.063,58	
3. Reparation Recovery Act.............	221.096.821,54	
4. Transferts d'espèces:		
(i) Règlement de soldes dus pour livraisons faites ou services rendus par l'Allemagne antérieurement au 1er septembre 1924	7.509.395,05	
(ii) En monnaies étrangères.............	25.002.892,89	263.076.072,73
c. ITALIE:		
1. Livraisons de charbon et de coke, y compris le transport	55.620.509,15	
2. Livraisons de matières colorantes et de produits pharmaceutiques.............	3.673.172,59	
3. Livraisons de sous-produits du charbon..	3.070.890,86	
4. Livraisons de produits agricoles........	4.832,90	
5. Livraisons diverses	1.667.513,22	
6. Payements divers	998,31	
7. Transferts d'espèces en monnaies étrangères	25.263.085,49	90.299.502,52
A reporter....		907.403.206,85

TABLEAU

ÉTAT INDIQUANT LES RECETTES ET LES PAYEMENTS
POUR LA PÉRIODE ALLANT DU

RECETTES	MARKS-OR
Report....	1.420.884.875,13
A reporter....	1.420.884.875,13

V (suite).

DE L'AGENT GÉNÉRAL DES PAYEMENTS DE RÉPARATIONS
1er SEPTEMBRE 1927 AU 31 MAI 1928.

PAYEMENTS	MARKS-OR	MARKS-OR
Report....		907.403.206,35
d. BELGIQUE:		
1. Marks fournis à l'armée d'occupation ..	244.986,25	
2. Prestations à l'armée d'occupation en vertu des Articles 8 à 12 de l'Arrangement rhénan	1.453.637,33	
3. Fournitures dans la Ruhr	Dr. 170.257,58	
4. Livraisons de charbon et de coke, y compris le transport	21.354.214,22	
5. Livraisons de matières colorantes et de produits pharmaceutiques	6.000.191,27	
6. Livraisons d'engrais chimiques et de produits azotés..............................	9.439.629,07	
7. Livraisons de sous-produits du charbon	2.700.751,53	
8. Livraisons de terres réfractaires	5.479,61	
9. Livraisons de produits agricoles	149.531,02	
10. Livraisons de bois....................	256.839,11	
11. Livraisons diverses	25.937.673,44	
12. Transferts d'espèces en monnaies étrangères	17.782.172,42	85.154.848,59
e. ÉTAT SERBE-CROATE-SLOVÈNE:		
1. Livraisons de produits pharmaceutiques	112.058,41	
2. Livraisons diverses	34.604.760,61	
3. Payements divers	213.178,—	
4. Transferts d'espèces en monnaies étrangères	9.830.111,72	44.760.108,74
f. ÉTATS-UNIS D'AMÉRIQUE:		
1. Livraisons en vertu d'accord	21.156.500,16	
2. Transferts d'espèces en monnaies étrangères	36.083.236,16	57.239.736,32
g. ROUMANIE:		
1. Livraisons diverses	11.104.990,99	
2. Payements divers	34.070,21	11.139.061,20
h. JAPON:		
1. Livraisons diverses	2.432.861,20	
2. Transferts d'espèces en monnaies étrangères	2.143.205,43	4.576.066,63
i. PORTUGAL:		
1. Livraisons diverses	6.537.136,06	
2. Transferts d'espèces en monnaies étrangères	536.607,70	7.073.743,76
j. GRÈCE:		
1. Livraisons diverses		1.166.870,55
A reporter....		1.178.519.142,14

TABLEAU

ÉTAT INDIQUANT LES RECETTES ET LES PAYEMENTS
POUR LA PÉRIODE ALLANT DU

RECETTES	MARKS-OR
Report....	1.420.884.875,13
Total....	1.420.884.875,13

V (suite).

DE L'AGENT GÉNÉRAL DES PAYEMENTS DE RÉPARATIONS
1er SEPTEMBRE 1927 AU 31 MAI 1928.

PAYEMENTS	MARKS-OR	MARKS-OR
Report....		1.178.513.142,14
k. POLOGNE:		
1. Livraisons de produits agricoles........	198.051,89	
2. Payements divers	4.647,41	
3. Transferts d'espèces:		
(i) Règlement de soldes dus pour livraisons faites ou services rendus par l'Allemagne antérieurement au 1er septembre 1924	2.191,88	
(ii) En monnaies étrangères	24.827,87	229.719,05
Total pour les Puissances....		1.178.742.861,10
VI. Service de l'Emprunt Extérieur Allemand 1924		66.001.221,36
VII. Commissions Interalliées:		
1. Commission des Réparations'	2.393.630,63	
2. Office des Payements de Réparations...	2.776.069,31	
3. Haute Commission Interalliée des Territoires rhénans	2.443.779,41	7.613.479,35
VIII. Frais des Organismes d'arbitrage.......		53.033,87
IX. Escompte sur les versements effectués avant la date d'échéance:		
1. par la Compagnie des Chemins de fer allemands	5.387.712,47	
2. par la Banque pour les Obligations Industrielles	112.440,09	5.500.152,56
X. Perte de change.....................		517.522,07
Total des payements....		1.258.429.170,50
XI. Soldes en banque et autres fonds disponibles à vue le 31 mai 1928		162 455.704,63
Total....		1.420.884.875,13

TABLEAU VI.

RÉPARTITION ENTRE LES PUISSANCES DES MONTANTS DISPONIBLES POUR LES DÉPENSES PENDANT LA PÉRIODE ALLANT DU 1er SEPTEMBRE 1927 AU 31 MAI 1928.

	MONTANTS DISPONIBLES Période 1er septembre 1927 au 31 mai 1928 (Marks-or)	TOTAL DES PAYEMENTS Période 1er septembre 1927 au 31 mai 1928 (Marks-or)	ENGAGEMENTS EXISTANT au 31 mai 1928 (Marks-or)	TOTAL DES PAYEMENTS et des engagements existant au 31 mai 1928 (Marks-or)	SOLDES DES PUISSANCES au 31 mai 1928 (suivant bilan) — Fonds attribués et non couverts par des payements ou des engagements existants — Fonds affectés en vertu de contrats approuvés (Marks-or)	Fonds non affectés (Marks-or)	FONDS NON ATTRIBUÉS (Marks-or)
1. France	751.850.133,50	614.116.731,10	20.488.395,73	684.605.126,83	78.507.583,15	38.166.423,52	—
2. Empire Britannique	263.142.479,59	263.076.072,78	96.822,23	263.178.294,96	—	9.184,63	—
3. Italie	97.485.904,74	90.200.502,52	5.472.961,88	95.682.464,40	791.340,81	1.012.009,53	—
4. Belgique	90.261.547,52	85.154.848,59	651.119,70	85.805.968,29	4.441.512,05	14.067,18	—
5. État Serbe Croate-Slovène	49.305.877,71	44.760.108,74	270.182,37	45.039.241,11	3.959.721,75	396.414,85	—
6. États-Unis d'Amérique	57.239.861,57	57.239.786,32	—	57.239.786,32	—	125.25	—
7. Roumanie	12.200.639,37	11.189.061,20	—	11.189.061,20	890.000,—	180.578,17	—
8. Japon	9.536.412,80	4.576.066,63	—	4.576.066,63	904.101,—	4.055.942,26	—
9. Portugal	7.000.205,88	7.073.748,76	—	7.073.743,76	14.994,—	1.558,12	—
10. Grèce	3.831.558,03	1.166.370,55	30.058,77	1.190.424,32	2.622.467,—	12.066,71	—
11. Pologne	239.402,29	229.719,05	—	220.719,05	—	9.068,24	—
Totaux pour les Puissances	1.341.841.618,09	1.178.742.861,19	27.017.985,68	1.205.760.846,87	92.222.022,76	43.858.743,46	—
12. Service de l'Emprunt Extérieur Allemand 1924	62.517.215,01	66.001.221,86	Cr. 3.799.345,85	62.201.875,51	—	—	315.330,50
13. Commissions Interalliées :							
a. Commission des Réparations	2.756.220,41	2.803.630,63	—	2.803.630,63	—	—	302.508,78
b. Office des Payements de Réparations	2.775.000,—	2.776.069,81	—	2.776.069,81	—	—	Dr. 1.069,81
c. Haute Commission Interalliée des Territoires rhénans	3.174.447,25	2.443.779,41	—	2.443.779,41	—	—	730.667,84
d. Commission Militaire Interalliée de Contrôle	8.899,08	—	—	—	—	—	8.899,08
14. Frais des Organismes d'arbitrage	Dr. 55.885,73	53.933,87	—	53.933,87	—	—	Dr. 109.769,10
15. Escompte sur les versements effectués avant la date d'échéance :							
a. par la Compagnie des Chemins de fer allemands	5.387.750,98	5.387.712,47	—	5.387.712,47	—	—	38,51
b. par la Banque pour les Obligations Industrielles	112.000,—	112.440,00	—	112.440,00	—	—	Dr. 440,00
	1.418.515.310,09	1.257.011.647,83	Dr. 27.017.985,08 Cr. 3.799.345,85	1.281.180.287,66	92.222.022,76	43.858.743,46	1.304.265,21
Fonds non attribués :							
a. Fonds d'annuité produits, mais non échus	154.172.000,—	—	—	—	—	—	154.172.000,—
b. Postes accessoires :							
1. Intérêts encaissés	1.685.432,06	—	—	—	—	—	3.082.705,81
2. Intérêts acquis	1.307.272,85	—	—	—	—	—	
3. Gain de change	166.000,41	—	—	—	—	—	166.000,41
Totaux	1.575.036.625,31	1.257.011.647,83	Dr. 27.017.985,68 Cr. 3.799.345,85	1.281.180.287,66	92.222.022,76	43.858.743,46	158.725.571,43
Composition du total ci-dessus :							
a. Troisième annuité. Solde non employé au 1er septembre 1927 :							
1. Soldes en banque et autres fonds disponibles à vue	185.487.192,84						
2. Fonds d'annuité produits, mais non échus	75.000.000,—						
3. Intérêts acquis	110.202,60						
b. Quatrième annuité :							
1. Fraction échue au 31 mai 1928	1.312.500.000,—						
2. Intérêts produits	3.850.692,54						
3. Perte de change	Dr. 517.522,67						
Total comme ci-dessus	1.575.036.625,31						

TABLEAU VII.

ÉTAT RÉCAPITULATIF PAR CATÉGORIES DE DÉPENSES DES PAYEMENTS FAITS PENDANT LA PÉRIODE 1ᵉʳ SEPTEMBRE 1927–31 MAI 1928 ET DES ENGAGEMENTS EXISTANT À LA FIN DE LADITE PÉRIODE.

	TOTAL DES PAYEMENTS 1er septembre 1927 au 31 mai 1928	ENGAGEMENTS existant au 31 mai 1928	TOTAL DES PAYEMENTS ET DES ENGAGEMENTS existant au 31 mai 1928
	Marks-or	Marks-or	Marks-or
1. Marks fournis aux armées d'occupation :			
France	18.214.484,64	—	18.214.484,64
Empire Britannique	7.453.703,67	—	7.453.793,67
Belgique	244.986,25	—	244.986,25
	25.913.204,56	—	25.913.204,56
2. Prestations aux armées d'occupation en vertu des articles 8 à 12 de l'Arrangement rhénan :			
France	13.163.648,05	—	13.163.648,05
Empire Britannique	2.014.069,58	—	2.014.069,58
Belgique	1.453.637,33	—	1.453.637,33
	16.631.354,96	—	16.631.354,96
3. Fournitures dans la Ruhr :			
France	8.248.679,26	—	8.248.679,26
Belgique	Cr. 179.257,58	—	Cr. 179.257,58
	8.069.421,68	—	8.069.421,68
4. Reparation Recovery Acts :			
France	39.350.921,86	3.182.485,51	42.533.357,87
Empire Britannique	221.096.821,54	96.322,23	221.103.143,77
	260.447.743,40	3.278.757,74	263.726.501,14
5. Livraisons de charbon, de coke et de lignite, y compris le transport :			
France	128.576.041,89	7.242.054,54	135.818.095,93
Italie	55.620.509,15	5.297.876,36	60.017.885,51
Belgique	21.354.214,22	—	21.354.214,22
	205.550.764,76	12.540.330,00	218.091.095,66
A reporter	516.612.549,86	15.819.088,64	532.431.638,—

	TOTAL DES PAYEMENTS 1er septembre 1927 au 31 mai 1928	ENGAGE-MENTS existant au 31 mai 1928	TOTAL DES PAYEMENTS ET DES ENGAGEMENTS existant au 31 mai 1928
	Marks-or	Marks-or	Marks-or
Report....	516.612.549,86	15.819.088,64	532.431.638,—
6. Livraisons de matières colorantes et de produits pharmaceutiques :			
France	4.584.875,55	10.068,01	4.594.943,56
Italie	3.673.172,59	175.585,52	3.848.758,11
Belgique	6.009.101,27	----	6.009.101,27
État Serbe-Croate-Slovène........	112.058,41	—	112.058,41
	14.870.207,82	185.653,53	14.564.951,85
7. Livraisons d'engrais chimiques et de produits azotés :			
France	23.503.018,49	161.271,41	23.664.289,90
Belgique	9.439.629,97	—	9.439.629,97
	32.942.648,46	161.271,41	33.103.919,87
8. Livraisons de sous-produits du charbon :			
France	4.545.720.20	532.844,91	5.078.565,11
Italie	3.079.390,86	—	3.079.390,86
Belgique	2.700.751.53	71.604,49	2.772.356,02
	11.225.862,59	604.449,40	11.830.311,99
9. Livraisons de terres réfractaires :			
France	244.267,94	9.081,16	254.249,10
Belgique	5.479,61	----	5.479,61
	249.747,55	9.081,16	259.728,71
10. Livraisons de produits agricoles :			
France	30.083.779,85	93.670,12	30.177.449,97
Italie...........	4.832,90	----	4.832,90
Belgique	149.531,02	----	149.531,02
Pologne	108.051,89	----	108.051,89
	30.436.195,66	93.670,12	30.529.865,78
A reporter....	605.846.801,44	16.874.114,26	622.720.415,70

	TOTAL DES PAYEMENTS 1er septembre 1927 au 31 mai 1928	ENGAGE-MENTS existant au 31 mai 1928	TOTAL DES PAYEMENTS ET DES ENGAGEMENTS existant au 31 mai 1928
	Marks-or	Marks-or	Marks-or
Report....	605.846.301,44	16.874.114,26	622.720.415,70
11. Livraisons de bois:			
France	13.495.378,10	394.654,05	13.890.032,15
Belgique.........	256.839,11	—	256.839,11
	13.752.217,21	394.654,05	14.146.871,26
12. Livraisons de sucre:			
France	17.895.775,70	—	17.895.775,70
13. Livraisons diverses:			
France	132.358.059,53	8.860.516,02	141.218.575,55
Italie............	1.667.513,22	—	1.667.513,22
Belgique.........	25.937.673,44	579.515,21	26.517.188,65
État Serbe-Croate-Slovène.........	34.604.760,61	279.132,37	34.883.892,98
Roumanie.........	11.104.990,99	—	11.104.990,99
Japon	2.432.861,20	—	2.432.861,20
Portugal.........	6.537.186,06	—	6.537.186,06
Grèce	1.166.870,55	30.053,77	1.106.424,32
	215.800.865,60	9.749.217,87	225.558.582,07
14. Livraisons en vertu d'accord:			
États-Unis d'Amérique..........	21.156.500,16	—	21.156.500,16
15. Payements divers:			
France	675.000,—	—	675.000,—
Italie............	998,31	—	998,31
État Serbe-Croate-Slovène.........	213.178,—	—	213.178,—
Roumanie	34.070,21	—	34.070,21
Pologne	4.647,41	—	4.647,41
	927.893,93	—	927.893,93
A reporter....	874.888.054,01	27.017.985,68	901.906.030,72

	TOTAL DES PAYEMENTS 1er septembre 1927 au 31 mai 1928	ENGAGE- MENTS existant au 31 mai 1928	TOTAL DES PAYEMENTS ET DES ENGAGEMENTS existant au 31 mai 1928
	Marks-or	Marks-or	Marks-or
Report....	874.888.034,04	27.017.985,68	901.906.039,72
16. Transferts d'espèces:			
a. Règlement de soldes dus pour livraisons faites ou services rendus par l'Allemagne antérieurement au 1er septembre 1924:			
Empire Britannique........	7.509.895,05	—	7.509.895,05
Pologne	2.191,88	—	2.191,88
b. En monnaies étrangères :			
France	179.677.080,54	—	179.677.080,54
Empire Britannique........	25.002.892,89	—	25.002.892,89
Italie	25.263.085,49	—	25.263.085,49
Belgique	17.782.172,42	—	17.782.172,42
État Serbe-Croate-Slovène	9.830.111,72	—	9.830.111,72
États-Unis d'Amérique...	86.083.236,16	—	86.083.236,16
Japon	2.143.205,48	—	2.143.205,48
Portugal	536.607,70	—	536.607,70
Pologne	24.827,87	—	24.827,87
	303.854.807,15	—	303.854.807,15
Totaux pour les Puissances	1.178.742.861,19	27.017.985,68	1.205.760.846,87

TABLEAU VIII.

TABLEAU DU PERSONNEL. — 31 MAI 1928.

	Américaine	Française	Britannique	Italienne	Belge	Hollandaise	Total
L'Agent Général des Payements de Réparations	1	—	—	—	—	—	
Assistants et personnel	2	—	—	—	—	—	3
Le Commissaire à la Reichsbank	—	—	—	—	—	1	
Assistants et personnel	—	—	—	—	—	4	5
Le Commissaire des Chemins de fer allemands	—	1	—	—	—	—	
Assistants et personnel	—	6	—	1	1	—	9
Le Commissaire aux Revenus Gagés	—	—	1	—	—	—	
Assistants et personnel	—	1	3	—	1	—	6
Le Trustee pour les Obligations des Chemins de fer allemands	—	—	—	—	1	—	1
Le Trustee pour les Obligations industrielles allemandes	—	—	—	1	—	—	
Directeur de l'Office et personnel	—	—	—	4	—	—	5
Le Comité des Transferts	2	1	1	1	1	—	
Conseillers économiques	—	1	—	1	1	—	
Autre personnel	1	6	1	1	—	—	17[2]
Directeur financier	1	—	—	—	—	—	1
Bureau de Paris	1	—	—	—	—	—	
Secrétaire et personnel	3	1	—	—	—	—	5
Services Administratifs :							
Secrétaire et personnel	—	—	2	—	1	—	3
Directeur de la comptabilité et personnel	2	6	9	2	2	—	21
Traducteurs	—	3	5	—	—	—	8
Secrétaires particuliers, enregistrement et archives, secrétaires, sténographes et dactylographes	2	8	28	—	—	—	38
Total du personnel[1]	14[2]	34	50	11	8	5	122[2]

Dont les traitements et les frais sont à la charge :

de l'Annuité	108
de la Reichsbank	5
des Chemins de fer allemands	9
	122

[1] Non compris le petit personnel allemand employé pour l'entretien du bâtiment, le service des plantons, etc.

[2] Total ajusté de façon à éviter l'inscription d'une même personne dans plusieurs groupes.

Adresse de l'Office de Berlin, 33 Luisenstrasse.
Adresse de l'Office de Paris, 18 rue de Tilsitt.

TABLEAU IX.

EMPRUNT EXTÉRIEUR ALLEMAND 1924.

SITUATION AU 15 AVRIL 1928 (DATE D'EXPIRATION DU PREMIER SEMESTRE DE LA QUATRIÈME ANNÉE DE L'EMPRUNT).

TRANCHE	VALEUR NOMINALE DES OBLIGATIONS non amorties au 15 octobre 1927	VALEUR NOMINALE DES OBLIGATIONS AMORTIES depuis le 15 octobre 1927 (1)	VALEUR NOMINALE DES OBLIGATIONS non amorties au 15 avril 1928
Américaine	$ 96.295.300	$ 1.000	$ 96.294.300
Britannique	£ 11.387.200	—	£ 11.387.200
Belge	£ 1.422.300	—	£ 1.422.300
Hollandaise	£ 2.372.000	—	£ 2.372.000
Française	£ 2.845.200	—	£ 2.845.200
Allemande	£ 303.700	—	£ 303.700
Italienne	Lires 94.533.000	Lires 401.500	Lires 94.131.500
Suédoise	Cour. S. 23.920.000	—	Cour. S. 23.920.000
Suisse	£ 2.239.000	—	£ 2.239.000
Suisse	Frs. S. 14.236.000	—	Frs. S. 14.236.000

(1) L'équivalent en marks-or des monnaies représentant l'économie réalisée en capital du fait de l'amortissement par rachat atteint 3.129,41 marks-or, convertis au taux du 14 avril 1928.

DÉJÀ PARUS DANS LA MÊME SÉRIE.

N. B. — Un texte anglais de tous les volumes paraissant dans la présente collection est publié à Londres par le Stationery Office.